SEHNSUCHT WILDNIS

Gespür für Leben neu entdecken

Beate Seitz-Weinzierl

SEHNSUCHT WILDNIS

Gespür für Leben neu entdecken

Mit einem Vorwort von Carl Amery
und Beiträgen von Hubert Weinzierl

BUCH & KUNSTVERLAG OBERPFALZ

Bibliografische Information Der Deutschen Bibliothek
Die Deutsche Bibliothek verzeichnet diese Publikation in der Deutschen
Nationalbibliografie; detaillierte bibliografische Daten sind im Internet über
http://dnb.ddb.de abrufbar.

© 2002 Buch & Kunstverlag Oberpfalz
Wernher-von-Braun-Straße 1 · 92224 Amberg
Lithos: Echtzeit Medien, 90429 Nürnberg
Buchgestaltung: Günter Moser, 92260 Ammerthal
Druck: Druckhaus Oberpfalz, 92224 Amberg
Bindearbeiten: Oldenbourg, 85542 Kirchheim

ISBN: 3-935719-12-4

Gefördert durch das Bayerische Staatsministerium
für Landesentwicklung und Umweltfragen.

Inhalt

Vorwort

Die alte heilige Wildnis ahnen

Es macht Freude, ein Buch wie dieses auf den Weg zu schicken und ihm auf diesem Weg alles Gute zu wünschen.

Gespür für das Leben neu entdecken: das wird ja in der Tat immer dringlicher. Denn bei allem Museal- und Bildbetrieb unserer Tage entsteht ein Privileg der Optik und Akustik, das sich bedrohlich dafür eignet, uns das eigentliche „Spüren" abzugewöhnen. Es sind die „alten" Sinne – das Schmecken, Riechen, Tasten –, die dabei verkümmern und eingehen, sehr zum Nachteil unserer Seele und, dahinter, durchaus auch unseres Verstandes/Verstehens.

Was besagt schon die geschmirgelte Ritterrüstung, die sauber platzierte Mistgabel im Heimatmuseum, wenn sie weder das Aroma von Blut und Angstschweiß noch das der Plackerei

auf dem Dunghaufen vermitteln? Welche Sinne bestimmen den Begriff „Heimat", wenn nicht auch und gerade die Geschmäcker, die Düfte, die Rauheiten und Glätten der vertrauten

Materien? Ohne sie droht alles Erleben zur Virtualität zu werden...

Und noch gewaltiger schiebt sich diese Virtualität mit der ganzen Eins-Null-Mechanik in die Speicherplätze unserer Köpfe. Wohl dem, der dahinter, hinter Bildblitzen und Sound-Orgeln, noch die alte heilige Wildnis ahnt!

So muss man das, was Beate Seitz-Weinzierl in diesem Buch darstellt und vermittelt, von Berichten über konkrete Erlebnis-Vermittlungen über naturnahe Poesie bis hin zur originellen Gastronomie, als ganz dringendes, als ein Höchste-Zeit-Programm verstehen und würdigen. Langjährige Verbundenheit mit der Autorin macht mir, wie eingangs gesagt, dies nicht nur zur Pflichtübung, sondern zu einem wahren Vergnügen.

Carl Amery

„Landart"-Objekt
im Wildnisgelände, entstanden bei
einer Lehrer/innenfortbildung

Notizen auf dem Baum
der „wilden Wünsche"

Ich habe Heimweh nach einem Land
in dem ich niemals war,
wo alle Bäume und Blumen mich kennen...
Hilde Domin

DA IST SO EINE SEHNSUCHT

Warum die Natur zu den Grundbedürfnissen des Menschen zählt

Von außen ist ihnen nichts anzumerken: Es sind gut gekleidete Manager, Journalistinnen, Ärzte, Hausfrauen, Lehrerinnen, Handwerker, Polizisten, die bei der Begegnung mit Natur angerührt werden von etwas, was sie als Sehnsucht ganz tief im Herzen in sich tragen.

Es sind Erinnerungen an ihre Kindheit, an verträumtes Spielen im Wald, an eine Nacht unterm freien Himmel, an die Freundschaft mit einem Tier, an den duftenden Garten der Großmutter, an barfüssiges Laufen auf einer Blumenwiese. Es ist Sehnsucht, wieder einmal den Duft der Erde zu riechen, das Moos unter den Zehen zu spüren und Gewissheit zu haben: Ich lebe wirklich. Das Leben geht nicht an mir vorbei.

Diese Sehnsucht empfinden immer mehr Menschen inmitten einer durchrationalisierten Welt der digitalen Monokultur. Das Leiden erstickter Lebendigkeit – eine weit verbreitete Zivilisationskrankheit, die immer

mehr Menschen in Unruhe und Unzufriedenheit versetzt. Bei vielen hat sich eine gewisse Fahlheit im eigenen Lebensgefühl eingestellt, die geradezu schreit nach dem Wilden als Inspirationskraft, als Quelle von Kreativität und Vitalität.

Wildnis – Metapher für Lebendigkeit

Aus solchen Beobachtungen heraus entstand die Idee dieses Buches, lange bevor die „Sehnsucht Wildnis" der Titel eines Projektes des Bildungswerks des Bund Naturschutz wurde.

Es war letztlich auch eines meiner Lebensthemen, das meine Veränderungsfähigkeit herausforderte.

Im Folgenden geht es nicht um einen naturwissenschaftlichen Diskurs zum Thema Wildnis. Der Begriff „Wildnis" ist in diesem Zusammenhang nicht wörtlich zu nehmen als unberührter Ort mit einer vielfältigen Pflanzen- und Tierwelt jenseits menschlichen Zugriffs, sondern als Metapher für Lebendiges, für den Urgrund des Seins.

Trotzdem spielt die reale wilde Natur auf der Suche nach wirklichem Leben eine große Rolle. Denn wie arm sind Menschen, die keinerlei Beziehung zur Natur haben!? Und welch' sinnlicher Reichtum eröffnet sich jenen, die es verstehen, mit Tieren, Pflanzen, Steinen, Sternen und Wolken in einem innigen Bezug zu leben. Natur gehört zu den elementaren Grundbedürfnissen des Lebens. Und die wilde Natur bringt die innere Lebendigkeit zum Fließen.

Sehnsucht Wildnis – das ist immer auch die Suche nach unserem Leben; eine Entdeckungsreise zu unserem Selbst, zu neuen Räumen des Lebendigen, die wir vorher noch nie betreten haben und die Geheimnisvolles in sich bergen. Es ist die Ursehnsucht nach der verlorenen Einheit von Mensch und Natur.

gedacht, sondern für alle Menschen, die das Leben lieben und deshalb achtsam mit ihm umgehen wollen. Es ist ein Buch über die Beziehung zwischen Mensch und Natur, über die Zwiesprache zwischen äußerer und innerer Natur. Unser Bild von Natur ist also auch Spiegel unserer Seele und verrät viel von dem, wie wir mit

Wie unterschiedlich die Vorstellungen von Natur bei Menschen sind, spiegelt sich in ihren Gärten.

Während die einen jedes Gänseblümchen als Angriff auf ihre Sauberkeitskultur empfinden, macht es anderen gar nichts aus, wenn die Brennesseln zum Fenster reinwachsen.

Zwiesprache zwischen innerer und äußerer Natur

Dieses Buch ist deshalb nicht nur für Naturschützer und Umweltbildner

der Wildnis in uns umgehen. Denjenigen, die also am liebsten mit dem Laubsauger ihren Garten rein halten wie ihr Wohnzimmer, empfehle ich dieses Buch nicht zu lesen. Damit schonen Sie nur ihre Nerven.

Die restliche Leserschaft, die mir nun bleibt, möchte ich mit meinen Bildern von Natur vertraut machen.

Omas letztes Huhn

Es gibt kaum Lebensläufe, in denen Natur keine Rolle spielt. Daher ist es ehrlich, auch Einblick in meine Bio-

10

grafie zu gewähren, die mein Denken und Empfinden wesentlich geprägt hat.

Aufgewachsen in einem kleinen Dorf im Spessart, habe ich als Kind noch durch meine Großmutter den Ausklang eines kleinbäuerlichen Landwirtschaftsbetriebes erlebt. Meine naturverbundene Oma wollte sich

neuauslauf der Baum mit dem waagrechten Ast, an dem meine Schaukel hing. Und da gab's noch meine heimliche Welten am Hang über dem „Höfchen", eine wunderschöne Blumenwiese, auf die ich mich ungestört zum Lernen für die Schule zurückziehen konnte. Dort war es so wunderschön still.

so gar nicht in die „neue Welt" einfügen und hat zumindest darauf bestanden, neben dem damals neu erbauten Haus meiner Eltern ein paar Hühner zu halten. Die Bilder meiner Kindheit tauchen wieder auf, wenn ich in meinem kindlichen Erinnerungsalbum meine Großmutter mit ihrem letzten Huhn auf dem Arm auf einem vergilbten Foto anschaue.

Ich sehe mich mit den Nachbarskindern unter den großen Kastanienbäumen auf der Hofeinfahrt spielen. Da war noch der Zwetschgenbaum vor dem Haus, und im alten Schwei-

Natur als Kulisse

Ohne ausschweifend zu begründen, warum ich mich für das Studium der Theologie und Philosophie entschieden hatte, landete ich irgendwann in naturfernen, theoretischen Kopfwelten und in intellektuellen Freundeskreisen. Neben meinem Hauptfach an der Uni studierte ich damals an der Philosophischen Hochschule der Jesuiten in München.

Es war bei Dozenten und Studenten beliebte Gepflogenheit, beim Spaziergang im Englischen Garten über

11

philosophische Fragen im Gehen zu debattieren. Heute staune ich darüber, wie wenig ich und meine Gesprächspartner damals die Natur um uns herum wahrnahmen. Die Bäume, die Sträucher, der Bach – alles war nur Kulisse, aber kein Thema der Wahrnehmung, Objekt statt Subjekt.

Die Fügung der Göttin hatte es vorgesehen, dass ich später als Journalistin auf einer Tagung über Ökologie und Theologie 1981 den Naturfreund und Vollblutnaturschützer Hubert Weinzierl kennen lernte, der seither mein Leben entscheidend veränderte.

Unerhörte Sinnlichkeit der Schöpfung

Den Reichtum der Schöpfung zu erleben, ihre unerhörte Sinnlichkeit der Farben, Düfte, Formen und Töne – das habe ich ihm zu verdanken. Er hat mich eingeführt und zurückgeführt in eine Welt, die ich nur aus meinen Kindertagen kannte.

Die Schöpfung nicht nur als Prinzip kennen, als Kapitel im Buch über Schöpfungstheologie, sondern den einzelnen Geschöpfen begegnen, so wie man Menschen begegnet, und ihren Namen erfährt – dies war für mich eine wunderbare Erweiterung meines Freundes- und Bekanntenkreises. „Gestatten, Gundermann!" Und da vorne steht Frau Taubnessel mit Frauenmantel und Herr Giersch.

Einem Ritual gleich stellte mir mein naturkundiger Mann (1983 heirateten sich Theologin und Naturfreund) jeden Tag eine Wildpflanze im Glas an den Frühstückstisch, und ich durfte die neuen oder alten Bekannten befragen.

Das Zusammenleben mit drei Münsterländer-Hunden, Hühnern, Gänsen, Schafen, Ziegen und anderem Getier haben mir in den letzten zwanzig Jahren ein Gespür für Wildnis jenseits aller romantischen Vorstellungen vermittelt.

Damit Sie sich in das Spannungsfeld Wildnisphilosophie und real gelebter Wildnis hineinversetzen können, sind im letzten Teil des Buches Texte von Hubert Weinzierl, die von der Lust und Last der Wildnis im täglichen Umgang mit Tieren und Pflanzen erzählen.

Zwischen Hühnerstall und Wissenschaftstheorie

„Ihr sollt das Leben und es in Fülle haben." (Joh 10,10) Dieser Satz aus dem Johannesevangelium gewann für mich vor diesem neuen Erfahrungshintergrund eine neue Dimension.

Für meine persönliche Entwicklung war es einmal ein Nachhausefinden zum Irdischen und Erdigen und zugleich ein Aufbruch in neue Welten der Naturmystik und Schöpfungsspiritualität, die seither mein Leben bereichern. Der zunächst persönliche Dialog zwischen Naturwissenschaft und Theologie hat sich auf beruflicher Ebene fortgesetzt und mündete in die Praxis einer multidisziplinären Bildungsarbeit.

In meiner privaten Bibliothek sind nun neben dem wissenschaftstheoretischen Lexikon auch Bücher über Hühnerhaltung zu finden. Na und? Geist und Natur sollen sich näher kommen – dies gehört zu einer modernen ökologischen Denkweise.

Wie Biografien politisches Handeln prägen

Manche mögen solche Lebensgeschichten für sentimental und bedeutungslos halten, doch sie sind in ihren Auswirkungen und als Motivationsquelle für politisches Handeln nicht zu unterschätzen. In Max Frischs Tagebüchern ist diese Erkenntnis wieder zu finden: „Es ist nicht Zeit für Ich-Geschichten. Und doch vollzieht sich das menschliche Leben oder verfehlt sich am einzelnen Ich, nirgends sonst."

Und selbst noch so große Konzepte und Aktionsprogramme wie die Agenda 21 der Umweltkonferenz von Rio (1992) gelingen oder scheitern an dem Verhalten einzelner Menschen. Ideen allein genügen nicht. Wir brauchen Menschen dazu, die uns motivieren, die uns Mut machen und Kraft geben.

Begegnungen mit Menschen sind daher in meinem Leben wichtige Wegmarken, ohne die mein Leben und mein berufliches Handeln sicher anders verlaufen wären.

Ein wunderbarer Mensch mit leuchtenden Augen und ein liebenswerter Chaot war beispielsweise unser langjähriger Freund Robert Jungk. Als wir Mitte der achtziger Jahre eine Zukunftswerkstatt mit ihm veranstalteten, saßen zunächst die Teilnehmer/innen mit Papier und Stift erwartungsvoll in der Runde, bereit, die Worte des alten Meisters aufzunehmen. „Legt euer Schreibzeug weg, macht die Augen zu und lasst den Himmel in euch erblühen", sagte dann überraschend der große Zukunftsforscher. „Lasst euren Gefühlen freien Lauf und denkt darüber nach, wie ihr eigentlich leben wollt" – das war sein Anliegen. Viele der

damaligen Teilnehmer/innen schwärmen heute noch von dieser Veranstaltung, weil ihnen jenseits von Wissen Motivation und Lebensweisheit vermittelt wurde. Niemand konnte so gut ermutigen wie Robert Jungk.

Was Politische Ökologie bedeutet, habe ich von Carl Amery gelernt. Auch einer dieser zornigen und fröhlichen, alten und jung gebliebenen Männer der Ökologiebewegung. Er hat durch sein Gedankengut diese geistvoll bereichert und steuert bis heute seine originellen intellektuellen Weltsituationsanalysen bei (siehe sein jüngstes Buch „Global Exit").

Carl Amery, den ich vor vielen Jahren auf einer Reise zu ökologischen Brennpunkten in der UdSSR näher erleben durfte, wirkt nicht zuletzt durch seine Heiterkeit und Jugendlichkeit bis ins hohe Alter überzeu-

gend und verkörpert für mich eine feurige Symbiose von Geist und Natur.

Eine für mich wichtige Frau ist die Leiterin des Instituts für Politische Psychoanalyse, Thea Bauriedl, geworden. Leider noch viel zu wenig bei Ökologen bekannt, kann sie vermitteln, wie Zukunftsfähigkeit und Veränderungsfähigkeit zusammenhängen und wie die persönliche Grundsituation das politische Handeln bestimmt.

Mit Manon Andreas-Grisebach, die ich Mitte der achtziger Jahre als Kollegin einer Jury zur Verleihung eines Umweltbuchpreises kennen lernte, verband mich spontane Sympathie. Die Philosophin und Literaturwissenschaftlerin vereint die seltene Kombination von Intellektualität auf der einen Seite und einer großen Liebe und Wahrnehmungsfähigkeit für die kleinen, unauffälligen Schönheiten der Natur auf der anderen Seite. Durch sie ist meine Leidenschaft für Lyrik neu entflammt.

All diese erwähnten Menschen, die mich beeindruckt und beeinflusst haben, kommen mit ihren Ideen, Lebensentwürfen und Wildnisphilosophien direkt oder indirekt in diesem Buch vor, so dass auch ihr Geist und ihr Mut an andere weitergetragen werden kann.

Mit diesem Buch möchte ich Sie einladen, Ihren Sehnsüchten nachzuspüren und der wilden Natur in Ihrem Leben mehr Platz zu verschaffen.

Wer das Leben erhalten will,
muss selbst riskieren, lebendig zu sein.
Thea Bauriedl

Auf die Wildnis gekommen

Dank an Menschen, die Lebendigkeit zulassen

Wie könnte es anders sein: Auch die Entstehung des Projekts „Sehnsucht Wildnis" vollzog sich wild, lebendig, intuitiv. Die ursprüngliche Absicht war, unserem bereits bestehenden erlebnispädagogischen Angebot für Schulklassen mit dem nicht gerade mitreißenden Titel „Umwelterziehung in Wiesenfelden" etwas mehr Farbe und Profil zu geben.

Die meisten Ideen zu diesem neuen Projekt entstanden nicht am Schreibtisch, sondern im „außerdienstlichen Raum", oft ganz nebenbei, assoziativ beim Übertreiben, Lästern, Fantasieren und Spintisieren. Vieles von unseren privaten Leidenschaften ist eingeflossen: Theater spielen, Tanzen, Fotografieren, Werkeln, Lyrik, Philosophieren, Politik, Leben in der Natur, Kochen mit Wildkräutern u.a.

Und warum sollte dies auch nicht andere begeistern? Ist die Sehnsucht nach Wildnis, das heißt nach Lebendigkeit, nach ursprünglichem und sinnvollem Leben nicht in jedem Menschen angelegt?

Auffällig war, dass trotz enormer Anstrengungen, die natürlich auch mit diesem Projekt verbunden waren und sind, bei allen Beteiligten und Interessierten eine große Begeisterung zu spüren war und ist.

An dieser Stelle darf ich allen Menschen im Bund Naturschutz danken, die unsere Idee von Anfang an mitgetragen haben; insbesondere allen engagierten Mitarbeiter/innen die das Projekt „Sehnsucht Wildnis" so erfolgreich gemacht haben. Das Geheimnis dieses Erfolgs sind Personen mit lebendiger Ausstrahlungskraft, die Ideen mit Leben erfüllen und ihre Lebensfreude an andere weitergeben.

Mein Dank gilt zunächst Gudrun Späth, die 1999 mit viel Herzblut das Projekt mit uns begonnen hat. Da es leider für solche „nichtsnutzigen" Ideen kaum feste Stellen gibt, mussten wir nach jedem Jahr die Betreuung in andere Hände geben. So kamen 2001 Anita Ernst für ein Jahr zu uns und 2002 Jürgen Gill. Auch ihre engagierte Arbeit verdient hohen Respekt.

Der Wildnis verfallen – das BN-Bildungswerk-Team: (v.l.n.r.) Cilli Kiesl (Sekretärin), Rosemarie Kleindl (Geschäftsführerin), Beate Seitz-Weinzierl (Leiterin), Nikol Fritsch (fachlicher Mitarbeiter)

Was ist im Wasser zu entdecken? Gudrun Späth bei einem Projekt-tag mit Kindern

Wilder Sonntag „Pfeif drauf": Anita Ernst beim Basteln von Musik-instrumenten aus Natur-materialien

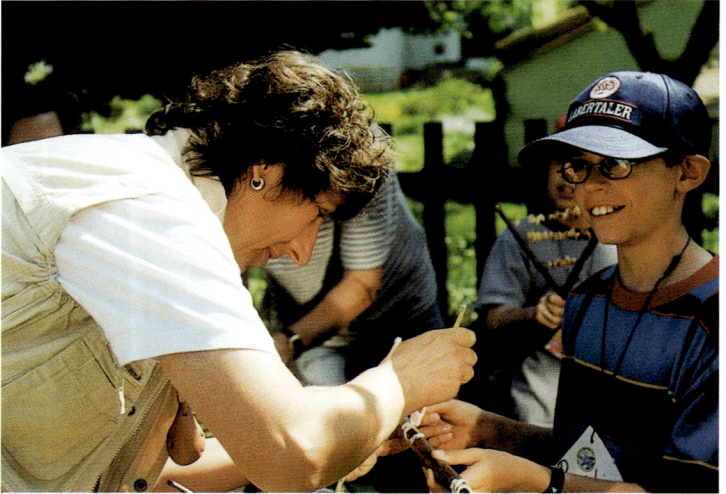

Danken möchte ich außerdem den vielen Praktikantinnen und freien Mitarbeiter/innen, die zeitweise bei dem Projekt beteiligt waren: Silke Jäschke, Barbara Stelzer, Ute Niedermeier, Volker Patalong, Stefanie Czekalla, Kristina Fischer, Barbara Kopp, Katrin Meyer, Silvia Stockum, Gudrun Wacker, Sandra Wichmann, Heidrun Will, Christine Wille u.a.

Nicht zu vergessen die Erbauer der Wildnis-Arche Stefan Brysch, Manuel Heringer und Esther Heringer. Die Tatsache, dass Stefan und Esther die Wildnis-Arche als Ort ihrer Hochzeitsfeier ausgewählt haben, spricht für sich.

Das schöne „Tor zur Wildnis", das auf einer Kinderwerkstatt bei Brigitte und Volker Zahn entstand, werden wir in Ehren halten.

Freundschaftlich danken möchte ich ganz besonders meinen Kolleginnen und Kollegen vom BN-Bildungswerkteam: Rosemarie Kleindl, Nikol Fritsch und Cilli Kiesl. Ohne diese wertvolle Zusammenarbeit in einem gut eingespielten Team wären die vielen Aktionen und Termine nicht zu leisten.

Was wäre ein Projekt
ohne die finanzielle Grund-
lage. Ein großes Dankeschön
geht daher an das Bayerische
Staatsministerium für Landesentwicklung und Umweltfragen, das
dieses Projekt von Anfang an unter-
stützt hat. Dass dies nicht nur ein
amtlicher Vorgang war, sondern mit
großem Wohlwollen und einer Offen-
heit für moderne Ideen zur Umset-
zung des Naturschutz- und Nachhal-
tigkeitsgedankens geschah – dies
verdient besondere Erwähnung.

Auch dort
stehen engagierte
Menschen dahin-
ter, denen wir
dankbar und verbunden sind: Stell-
vertretend nenne ich Richard Eisen-
ried, Franz Hinterstoißer und nicht
zuletzt Karingard Vangerow-Döhner
für ihren außerordentlichen Einsatz
für neue Formen in der Umweltbildungsarbeit.

Und wer hat
schon das Glück, auf
einen Verlagsleiter zu treffen,
der selbst vom Geist der Wildnis
angesteckt ist. Im Laufe der Zusammenarbeit mit Günter Moser vom
Buch & Kunstverlag Oberpfalz wurde
diese Geistesverwandtschaft offenbar.
Seine Fotos sind Ausdruck seiner
Sensibilität für Lebendiges. Aus seinen Büchern duften Wald und Moos.

17

Szenen aus dem Leben mit der wilden Natur

Steckbrief

Projekt „Sehnsucht Wildnis" im Überblick

Kontaktadresse

Bildungswerk Bund Naturschutz
Umweltzentrum Schloss Wiesenfelden
Straubinger Str. 5
94344 Wiesenfelden
Tel. 09966/1270
Fax 09966/9020059
E-Mail bw@bund-naturschutz.de
www.bn-bildungswerk.de

Lage

20 km nördlich von Straubing im
Vorderen Bayerischen Wald

Anreise

Mit der Bahn: Der nächste Bahnhof
ist Straubing. Bei Veranstaltungen
werden Teilnehmer/innen dort abge-
holt.
Mit dem Auto: Die Ausfahrt auf der
A3 von Regensburg kommend ist
Wörth/Ost, von Passau kommend
Kirchroth.

**Veranstaltungsbeispiele aus dem
Projekt „Sehnsucht Wildnis"**

- Seminar „Lockruf der Wildnis.
  Geschichten, Mythen, Pioniere."
- Kunstwerkstätten
  „Fantasien aus Holz" oder
  „Wilde Schrottkunst"
- Theater in der Wildnis
- Literarische Erlebniswanderungen
- Steinzeitlager
- „Brauner Bär und Fliegender Pfeil"
  Indianercamp
- „Robin Hood – Leben in den
  Wäldern"

Naturerlebnisferien

- „Auf zum wilden Sonntag!"
  Kreativangebote für Familien
- Kindergeburtstage auf der Wildnis-
  Arche
  Wir erfüllen (fast) alle Kinderwün-
  sche: Feen im Zauberwald, Piraten
  auf hoher See oder Indianer am
  Lagerfeuer

Angebote für Schulklassen

- „Wo einst die Wölfe heul-
  ten – unterwegs in der
  Waldwildnis"
- „Drunter, drüber, mitten-
  drin – die Wiese"
- „Auf zu wilden Ufern"

Angebote für Kindergärten

- Spielerisch können die Kinder in
  unserem Wildnisgelände die Natur
  mit allen Sinnen erleben.
  Individuelle Angebote nach
  Absprache

**Erlebnisorte des Projekts
„Sehnsucht Wildnis"**

- Wildnis-Arche
- Baumhaus „Krähennest"
- Naturbeobachtungsturm „Wild-
  towerstation"
- Wildkatzen- und Luchsgehege
- Lagerfeuerplatz
- Platz zum Zelten
- Rund 4 Hektar urwüchsiges Wild-
  nisgelände mit Teichen und altem
  Baumbestand rund ums Schloss
  Wiesenfelden

Der Philosoph, der einen Regenbogen restlos
erklären kann, hat nie einen gesehen.
Henry David Thoreau

Noch mancher Tag harrt des Anbruchs

Von den naturphilosophischen Hintergründen eines umweltpädagogischen Projektes

Über der Schlossmauer wuchert ungebändigtes Grün. Statt edler Rosen ist im Schlossgarten ein alter knorriger Buchenstamm zu bewundern – nach einem Blitzeinschlag als Totholz gerettet. Er dient als Nährboden für Moose, Flechten und Keimlinge vieler Art; ein Miniaturdschungel aus zartblütigen Rupprechtskräutern, Waldziest, Weidenröschen und Honiggräsern hat sich auf dem liegenden Baumriesen entwickelt. Kein Gärtner der Welt könnte solch ein Naturkunstwerk künstlich anlegen!
An alten Baumpersönlichkeiten vorbei gelangt der Besucher des Umweltzentrums Schloss Wiesenfelden durch das „Tor zur Wildnis" in eine malerische Teichlandschaft mit altem Baumbestand, die sich auf rund vier Hektar erstreckt. Der Künstler Claude Monet hätte an diesem Anblick seine Freude

gehabt und sicher nicht nur Seerosen gemalt. Iris, Calla und Sumpfdotterblumen drängeln sich an den Teichrändern und konkurrieren als malerisches Motiv mit dem Eisvogel, der in der Morgensonne sein Gefieder trocknet.

Ein Wildnisgelände vor der Haustür – viel zu schade allein für nüchterne Wasseranalysen und Bestimmungsübungen. Hier sagt die Wildnis Du zu ihren Bewunderern. Eröffnet geheimnisvolle Welten, verzaubert durch die Magie des Lebendigen, erweckt die Träume der Kindheit zum Leben und bietet eine Insel für stille Einkehr. Gibt es einen geeigneteren Ort für lebendiges Lernen!?

Lernort Wildnis – Idee eines Projektes

1999 startete das Bildungswerk Bund Naturschutz im Umweltzentrum Schloss Wiesenfelden (Vorderer Bayerischer Wald) das Projekt „Sehnsucht Wildnis". Zunächst galt es den Schatz vor der Schlosstür zu heben, d. h. das beschriebene Wildnisgelände als Lernort für verschiedenartige Erlebnis-

Das Tor zur Wildnis – aus der Kinderwerkstatt der Familie Zahn

angebote zu entdecken. Mehr intuitiv als geplant entstanden nacheinander ein Baumhaus, „Krähennest" genannt, ein großes Holzschiff zwischen Bäumen, die „Wildnis-Arche", und ein Tipi mit Lagerplatz für Feriencamps. Mehrere Wildkatzengehege – seit 1985 befindet sich in diesem Areal eine Wildkatzenstation zur Wiedereinbürgerung – waren bereits vorhanden. In einem weiteren Gehege sind die zwei Luchsmädchen Lena und Rosa zu bestaunen – eine Sympathiewerbung für zu Unrecht ausgerottete einheimische Wildtiere, die bisher auf große Resonanz gestoßen ist.

Es sind nicht nur die Kinder, die sich von der Magie des wild belassenen Geländes rund ums Schloss Wiesenfelden angezogen fühlen, auch Erwachsene erinnern sich angesichts alter Baumgestalten und geheimnisvoller dunkler Weiher an Naturerlebnisse in ihrer Kindheit. Ungeahnte Sehnsüchte nach dem echten, wirklichen Leben im Einklang mit der Natur kommen in den leuchtenden Augen der „wilden" Erwachsenen zutage:

In Kunstwerkstätten nehmen ihre lange vergrabenen Fantasien Gestalt an, beim „Theater in der Wildnis" entdecken sie die Tiefen ihrer Seele

und bei „literarischen Erlebniswanderungen" durch wilde Naturlandschaft finden sie Ruhe und Besinnung, die vielen in unserer hektischen Welt so abgeht.

Mit neuen Erlebnisbausteinen wurde das Projekt unter dem Titel „WWW – Wildnis.Werkstatt.Wiesenfelden." fortgesetzt.

Geheimnis der Wildnis

Wer ahnt, was Wildnis wirklich ist? Wer darf sie definieren? Wer vereinnahmen?

Wildnisgebiete nach verschiedenen wissenschaftlichen Gesichtspunkten einzuordnen, von Großschutzgebieten bis zu Sukzessionsflächen, ist die eine Seite. Sich bewusst zu werden, dass die Wildnis nicht nur Objekt ist, sondern dass der Mensch Teil von ihr ist, macht die andere Seite aus.

So müde – die Luchsmädchen Lena und Rosa im Wildnisgelände

Diese andere Denkweise hat der amerikanische Wildnispionier Henry David Thoreau (1817 – 1862) in seinem Tagebuch anschaulich beschrieben:

"Ich denke, der Mann der Wissenschaft sowie die meisten Menschen begehen einen Fehler: dass sie nämlich ein Phänomen kühl betrachten als etwas, was unabhängig von ihnen existiere und in keinem Bezug zu ihnen stehe. Das wichtige Faktum ist jedoch, welche Wirkung ein Phänomen auf mich hat. Da denkt einer, es stünde mir nicht zu, den Regenbogen anders zu sehen, als er ihn definiert, aber es ist mir einerlei, ob meine Anschauung der Wahrheit ein Gedanke im Wachzustand oder ein erinnerter Traum ist, ob ich sie im Licht oder in der Dunkelheit sehe. Mir geht es nur um den Gegenstand meiner Vision, um meine Wahrheit. Der Philosoph, der einen Regenbogen restlos erklären kann, hat nie einen gesehen. Diese Gegenstände interessieren mich nicht an sich, wie den Wissenschaftler, sondern von einem Standpunkt aus, der irgendwo zwischen mir und ihnen liegt." 25. 11. 1857 (SCHAUP 1996)

Umweltzentrum Schloss Wiesenfelden aus wilder Perspektive

Eine solche Haltung bedeutet einen entscheidenden Paradigmenwechsel in der Diskussion um die Wildnis.

Der Faktor Mensch, das Subjekt der Wildniserfahrung, muss selbstverständlich in die Naturbetrachtung mit einbezogen werden.

nen, ausgelöst. Für ihn bestehen Natur und Landschaft zunächst einmal als Bilder in unserem Kopf. Sie sind eine „kulturelle Erfindung", die im weitesten Sinne mythologischen Zwecken dienen, vom individuellen Trost bis zur Schaffung einer nationalen oder sozialen Identität. Dies belegt er umfangreich mit Beispielen aus der Kunstgeschichte. Der Traum von der Wildnis, so der Geisteswissenschaftler, würde bei den meisten Menschen eher der Traum von Arkadien sein: Er ähnelt mehr einem englischen Park als einem Urwald. (vgl. SCHAMA 1996)

Mit Bildern von Natur zu arbeiten ist auch ein neuer Weg in der Praxis der Wildnispädagogik. Denn mit den Annäherungen an die reale wilde Natur besteht die Chance, solche inneren Bilder neu zu prägen.

Wie unergründlich die Natur-Bilder in den Köpfen der Menschen sein können, ist an den ganz verschiedenartigen Gärten zu beobachten: Während die einen den Garten wie ihr penibel aufgeräumtes Wohnzimmer mit Teppichboden-Rasen gestalten, ist den anderen ein lebendiger Verhau von Brennesseln, Sträuchern und Wildblumen gerade recht.

Wildnis als Imagination

Eine Revolution in der Wildnisdiskussion hat bereits der amerikanische Historiker Simon Schama mit seinem Buch „Der Traum von der Wildnis, Natur als Imagination", 1996 erschie-

"Wilderness spirit" – ein amerikanisches Leitbild

Um eine ganzheitliche Auffassung von Wildnis verstehen zu lernen, lohnt ein Blick über den Ozean. Gerade die Wildnis-Pioniere in den USA machen deutlich, dass Wildnis mehr ist als ein Natur-Zustand; sie ist eine Lebensphilosophie, beseelt vom sog. „wilderness spirit".

Vom Geist deutscher und englischer Philosophie der Romantik inspiriert entstand in den 30er Jahren des 18. Jahrhunderts in den Neuengland-staaten eine intellektuelle Gruppe, die sich Transzendentalisten nannten und deren Ideen bis heute auf die amerikanische Geistesgeschichte ausstrahlen.

Es handelte sich um eine philosophisch-religiös-literarische Bewegung, der Theologen, Philosophen und Pädagogen angehörten wie z.B. Ralph Waldo Emerson, Henry David Thoreau und Magaret Fuller.

Ralph Waldo Emerson, der Hauptvertreter dieses Zirkels, hängte seinen Pfarrersrock an den Nagel, weil ihm das kirchliche Milieu zu eng wurde, und widmete sich fortan dem „living learning", dem schöpferischen Lernen und Schreiben im Umgang mit der Natur. In der Natur und in der Kunst waltet die gleiche Gesetzmäßigkeit von Fülle und Verlust, Hervortreten und Verschwinden, Kommen und Gehen, die Emerson als „Methode der Natur" beschrieben hat.

Sein Freund und Schüler Henry David Thoreau ist der prominenteste und bis heute bekannteste Vertreter aus dieser Intellektuellengruppe.

Im Gegensatz zu dem mehr theoretisch geprägten Emerson setzte Thoreau seine Lebensphilosophie in die Praxis um: Er lebte von 1845 bis 1847 abgeschieden in einer Hütte im Wald bei Concord im Staat Massachusetts, um sich in fröhlicher Muße der lebendigen Wildnis jenseits der Zivilisation hinzugeben. Er liebte die Einsamkeit als Ort der Inspiration

Geheimnisvolles Labyrinth – gestaltet von Teilnehmer/innen der Ökologischen Einkehrtage im Schlossgarten Wiesenfelden

und der intensiven Gefühle. Schließlich entstand dort auch sein weit verbreitetes Werk „Walden – oder Leben in den Wäldern", das zum Kultbuch für Generationen von Naturfreunden vor allem im 20. Jahrhundert wurde.

Die Ausstrahlungskraft des viel beschworenen „wilderness spirit", der weitere große amerikanische Natur-schützer wie John Muir oder Aldo Leopold prägte, hat die Naturfreunde in Deutschland inzwischen erreicht. (vgl. TROMMER 1992)

Kein Wunder, dass die Schriften des bekannten amerikanischen Umwelt-pädagogen Joseph Cornell zu den meist verwendeten Büchern in der Naturerlebnis-Szene zählen.

Es lohnt, sich von den spirituellen Ansätzen dieser von Begeisterung strotzenden amerikanischen Wildnis-Bewegung anstecken zu lassen.

Wildniserfahrung und die Frage nach dem Sinn des Lebens

Nicht Verzicht und Askese, sondern Lebensfreude, Freiheit, Unabhängig-keit von gesellschaftlichen Konven-tionen waren für den amerikanischen Aussteiger Henry David Thoreau die Motive, die ihn zu einem Leben in den Wäldern hinzogen.

In seinem Tagebuch schreibt er am 13. Juni 1851:

"Wir leben unser Leben nicht voll aus. Wir durchdringen nicht alle unsere Poren mit unserem Blut. Wir atmen nicht aus voller Brust. Wir leben nur noch ein Bruchteil unseres Lebens. Warum lassen wir die Flut nicht herein, öffnen die Schleusen und setzen alle unsere Räder in Bewe-gung? Wer Ohren hat, der höre.

26

Bediene dich deiner Sinne." (SCHAUP 1996)

Der Aufenthalt in der Wildnis macht vielen Men-schen erst bewusst, was sie in unserer entsinnlichten und verzweckten Konsumwelt eigentlich vermissen: wahre Erfüllung, wahres Glück. Denn die Entfremdung von der Natur ist zur Signatur unserer Zeit geworden.

Die sinnliche Begegnung mit der Natur hat auch noch andere Vorzüge, wie Thoreau verrät:

"Wie wichtig ist der ständige Umgang mit der Natur und die Betrachtung der natürlichen Phänomene für die Erhaltung der moralischen und geistigen Gesund-heit! Die Disziplin der Schulen oder des Berufslebens kann dem Gemüt diese Heiterkeit nie verschaffen. Für das Studium des Menschen ist es von großem Vorteil, wenn man an das

Studium der Natur gewöhnt ist." (SCHAUP 1996)

Gerade unter dem Gesichtspunkt einer Wertevermittlung gewinnen wildnispädagogische Angebote eine neue Dimension.

Der Rückzug in die Wüste oder auf den Berg und damit die Begegnung mit der wilden Natur – war sie nicht schon in der Bibel ein Ort für die Selbst-, Sinn- und Gottsuche des Menschen? Und steckt nicht hinter der Wiederentdeckung des Wilden ein unbewusstes spirituelles Bedürfnis nach einer archaischen Anbindung an die Schöpfung?

Die Entdeckung der eigenen Natur sowie das Gefühl des Eingebundenseins in den Kosmos wird als Lohn für einsame Aufenthalte in der Natur empfunden.

Wildnis – Ort der Inspiration, Schönheit und Kunst

In der Wildnis treffen sich Wissenschaft, Kunst, Schönheit und Spiritualität. Kein anderer hat dies besser formuliert als John Muir, der Begründer des ersten amerikanischen Nationalparks:

27

„Everybody needs beauty as well as bread, places to play in and pray in, where Nature may heal and cheer and give strength to body and soul." (MUIR 1988)

Viele der Teilnehmer/innen unserer Kunstwerkstätten, die im Rahmen des Projekts „Sehnsucht Wildnis" stattfanden, haben von sehr erfüllenden Erlebnissen bei ihrer künstlerischen Arbeit in der Wildnis berichtet.

Geduld lernen und Langsamkeit ist angesagt.

Sind nicht gerade solche Erfahrungen wertvolle Hilfen in unserer Beschleunigungsgesellschaft? Ein großes ökologisches Problem unserer Tage ist auch der falsche Umgang mit der Zeit. Biorhythmen werden missachtet, Tageszeiten, Jahreszeiten negiert. Wer nimmt sich noch die Zeit, um die Schönheit und Erotik der Natur überhaupt wahrzunehmen?

Die Erfahrung des absichtslosen Tuns in der Kunst, das Ausleben von wilder, ungezähmter Zeit löst bei vielen Menschen in unserer Effektivitäts- und Leistungsgesellschaft ein Aha-Erlebnis mit therapeutischer Wirkung aus.

Ähnliche kontemplative Erholungseffekte haben wir bei unseren „Literarischen Erlebniswanderungen" festgestellt. Die Intensivierung der Naturerfahrung durch wirkungsmächtige Texte – an markanten Orten vorgetragen – ist erstaunlich.

Vielleicht hätte auch John Muir seine Freude daran gehabt.

Akzeptanz der Wildnis durch die Seelentür

Wildnis ist auch ein Ort der Emotion. Sie ist Nährboden für unsere Sehnsüchte nach Freiheit, Vitalität und Unabhängigkeit. Durch solche seelischen Bedürfnisse kann auch der Wert der realen wilden Natur bewusst gemacht werden. Nur wer begreift, dass zur Akzeptanz der äußeren Wildnisgebiete das innere Bekenntnis zur wilden Natur gehört, wird erfolgreich die letzten naturnahen Gebiete in unserem Land erhalten können.

Was für den Naturwissenschaftler zunächst einmal fremd erscheinen mag, hat sich in der Praxis als erfolgreiches Modell im Umgang mit Wildnis und vor allem in der Wildnispädagogik bewährt.

Wer könnte diesen Vorgang besser beschreiben als Henry David Thoreau: „Nur der Tag bricht an, für den wir wach sind. Noch mancher Tag harrt des Anbruchs. Die Sonne ist nur ein Morgenstern." (THOREAU 1971)

Es ist umsonst, wenn wir von einer Wildnis träumen,
die in der Ferne liegt. So etwas gibt es nicht.
Der Sumpf in unserem Kopf und Bauch, die Urkraft der Natur in uns,
das ist es, was uns diesen Traum eingibt.
Henry David Thoreau

LEBE WILD UND ACHTSAM

Die Wiederentdeckung der wilden Natur in uns

Der Schlüssel zur Wildnis liegt in uns selbst. Was nützen noch so viele Wildnis-Kampagnen, das Ausweisen von Nationalparks und Wildnis-Gebieten, wenn wir die wilde Natur in uns verleugnen und deshalb keine Achtung der äußeren Wildnis entgegenbringen können? Die Beziehungen der Menschen zu ihrer inneren und der äußeren Natur sind eng verklammert – dies haben Tiefenpsychologen längst erkannt. Und nur wenn wir die Natur, die wir selbst sind, anerkennen, können wir auch achtsam und respektvoll mit der äußeren Natur umgehen.

Ein Blick in den wilden, unzugänglichen Dschungel unserer Persönlichkeit bleibt uns daher nicht erspart. Die Konfrontation mit unserer Triebnatur oder Tiernatur kann eine Reise ins „innere Ausland" (Sigmund Freud)

werden, die uns zunächst befremdlich und abgründig erscheint. Keine Angst! Wir müssen nicht zwangsläufig im sumpfigen, morastigen Feuchtgebiet des Unbewussten versinken. Die Chance dabei ist vielmehr: Wenn wir uns mit den dunklen Schatten-Seiten unserer Persönlichkeit versöhnen, können uns ganz neue Kräfte zuwachsen, die mit ihrer vitalisierenden Wirkung das Leben bereichern.

Sehnsucht nach der Wolfsnatur

Ist es etwa auch jenes Phänomen, welches das Buch „Die Wolfsfrau – Die Kraft der weiblichen Urinstinkte" von der amerikanischen Psychologin Clarissa Pinkola Estès zum Kultbuch in den Vereinigten Staaten werden ließ?

Die Autorin will damit gerade die „moderne Frau" ansprechen „die sich durch unsere Zivilisation und unsere Gesellschaft in starre Rollen gepresst sieht, die sie ihrer Urkraft beraubt haben".

Tenor des umfangreichen Werkes ist: Ohne Verbindung zu den Wurzeln der weiblichen Natur – der wilden, ungezähmten „Wolfsfrau" in sich – werden Frauen angepasst, überängstlich und unkreativ. Durch Mythen, Märchen und Legenden sollen sie in verschlüsselter Form das Wissen über die wilde, archetypische Frau erhalten, wodurch sie wieder Zugang zu den verschütteten Energiequellen des Unbewussten finden.

Die verlorene Wildheit und Wildnis als Objekt der Begierde von überzivilisierten, der Natur entwöhnten Menschen, die ihre psychische Vitalität wiedergewinnen wollen? Wildnis als Projektionsfläche für das ungelebte Leben gestresster Opfer unserer Beschleunigungsgesellschaft?

Homo clausus

Der Zivilisationstheoretiker Norbert Elias beschreibt kennzeichnend für die westliche Zivilisation der Moderne einen Typus von Mensch, den er „homo clausus" nennt: Gegenüber der Welt abgeschlossene, verschlossene, wenn nicht sogar in sich selbst eingeschlossene Personen, zumeist Männer, denen innere und äußere Natur gleichermaßen fremd geworden sind.

Tröstlich bei dieser Theorie ist, dass ein solch abgeschlossener, naturferner Menschentypus nicht nur Angst vor der Natur als einem unkontrollierbaren Wesen empfindet, sondern dass gerade er eine enorme Sehnsucht verspürt, mit der ausgeschlossenen Natur wieder in Fühlung zu kommen.

Je mehr Naturbeherrschung, je weniger konkrete Wildnis, desto größer der Wunsch, ein Stück Wildheit und Wildnis wieder zurückzugewinnen.

Wildnis als Provokation für rationalistisches Denken

Die tieferen Ursachen dieses schizoiden Befindens sind in der westlichen Geistesgeschichte zu finden: Bei René Descartes, der mit seiner Philosophie der Trennung von Körper und Geist, Natur und Geist, Subjekt und Objekt die Epoche der Neuzeit einschneidend prägte. Jetzt hatte der Vernunftmensch die Oberhand gewonnen, und die Marginalisierung des Körperlichen, Sinnlichen, Erdverbundenen war vorprogrammiert. Der Siegeslauf des Rationalismus begann.

Die wilde Natur, die sich so gar nicht zähmen lassen wollte, musste bei solchem Kontroll- und Machbarkeitsdenken zur Provokation werden.

Das „Netz des Indra" im Buddhismus

Wie sehr wir in jenem westlichen Denken gefangen sind, zeigt erst ein Blick auf östliche Weltanschauungen. Im Buddhismus beispielsweise ist eine isolierte individualistische Betrachtung des Menschen nicht üblich. Wirklichkeit ist im buddhistischen Denken ein prozesshaftes Beziehungsgefüge, in dem der Mensch ein Teil des Ganzen ist: Wir sind in der Welt und die Welt ist in uns und beides ist untrennbar. Der Begriff „Umwelt", so der Ökologe und Buddhist Franz-Johannes Litsch, kommt in der buddhistischen Denkweise nicht vor, weil er eine Trennung von Ich-Welt und der das Ich umgebenden Welt voraussetzen würde. Der moderne Begriff „Ökologie" – im Sinne des Zusammenspiels der verschiedenen Organismen und Lebensfaktoren – komme, nach der Meinung von Litsch, dem Wirklichkeitsverständnis des Buddhismus am nächsten. Im Sinne des vielfach verwobenen Denkens könne man von einem „Inter-Sein" von Mensch und Welt sprechen. Teil und Ganzes enthalten und durchdringen sich gegenseitig.

In einer buddhistischen Schrift ist diese Wirklichkeits-Auffassung anschaulich in dem mythischen Bild vom „Netz des Indra" dargestellt: Götterkönig Indra verfügt über ein prachtvolles Netz, dessen Knoten

durch Edelsteine gebildet werden und von denen jeder einzelne alle anderen reflektiert und jeder so das ganze Netz in sich enthält. Zauberhafter könnte ökologisch-vernetztes Denken nicht beschrieben werden.

Für den Buddhisten Litsch hat die Umweltkrise nicht bloß in bestimmten technischen Unvollkommenheiten oder politischen Fehlern ihre Ursache, sie ist vielmehr „Ausdruck unserer unheilen, unglücklichen Beziehung zu uns selbst, zum anderen allgemein und zur Wirklichkeit insgesamt."

Die Achtsamkeit sich selbst, der Natur und den Dingen gegenüber ist deshalb eine zentrale buddhistische Regel für gutes Leben.

Schlechte Karten also für uns Westler. Denn die Grundstrukturen unseres dualistischen Denkens werden wir nicht so schnell ändern können.

Vom wilderen Westen lernen

Für die meisten Europäer, insbesondere aber für die Deutschen, ist Wildnis immer noch der Inbegriff für Chaos und Anarchie. Was helfen noch so viele Wildnis-Träume, wenn deutsche Ordnungsliebe und ästhetisches Empfinden den chaotischen Naturzuständen nichts abgewinnen können? Wie lässt sich die Liebe zu dem unaufgeräumten Verhau wecken, der nun mal – das ist unser Problem – dem ökologischen Prinzip am meisten entspricht? Und wie kommt es, dass gerade in Deutschland – ein Blick auf die Gärten genügt – ein gestörtes Verhältnis zur Wildnis zu beobachten ist?

Gerhard Trommer klärt in seinem Buch „Wildnis – die pädagogische Herausforderung" über die kultur- und geistesgeschichtlichen Hintergründe dieser Tatsache auf. Der USA-erfahrene Professor für Biologiedidaktik zeigt auf, dass in der deutschen Bildungsgeschichte die Wildnis zum Unbild in der Erziehung und Bildung gemacht wurde. Wild wurde gleichgesetzt mit unkultiviert, ungebildet, primitiv und naiv. Hier die Wilden, dort die Zivilisierten.

Im Gegensatz dazu hat der Wildnis-Begriff in den USA Karriere gemacht, ist zum Leitbild der Naturauffassung und der Umweltbildung geworden. Auch wenn die Ausbeutung riesiger Ressourcen an Bodenschätzen, die Vernichtung der Prärie und die rücksichtslose Verdrängung der Indianer die andere Seite Amerikas zeigt, so hat doch die Erfahrung von majestätisch wildem Land das ästhetische Empfinden für einmalige Landschaften geprägt.

In Deutschland dagegen herrscht Anfang des 19. Jahrhunderts die ländlich oder städtisch gepflegte Kulturlandschaft vor und prägte das Bild in den Köpfen der Menschen.

Es gilt nun in unseren Landen andere Wege zu suchen, um die Achtsamkeit vor Wildnis gesellschaftsfähig zu machen. Kann die Ethik weiterhelfen?

Wildnis in der Ethik

Die zukünftige Aufgabe der Moralphilosophie wird es sein, der Wildnis ihren Schrecken zu nehmen; hinzuführen zu einer neuen Lebenseinstellung, welche die wilden Teile in uns mitleben lässt, anstatt sie zu unterdrücken. Eine Ethik, die Schwächen erlaubt, ohne Werte zu verraten – das würde auch uns Naturschützer sympathischer machen.

Wie das Wilde mit dem Menschen versöhnt werden kann, verrät das Buch „Tiefenpsychologie und neue

Die Baumfrau – entstanden in der Kunstwerkstatt „Fantasien aus Holz"

Ethik" von Erich Neumann, einem Schüler und Mitarbeiter des Schweizer Tiefenpsychologen C.G. Jung. Es ist bereits 1948 erschienen, aber relativ wenig bekannt.

Neumann setzt sich darin von der alten dualistisch geprägten Moral ab, die allein auf die Befolgung hehrer Werte setzt und durch Verachtung des Negativen das ethische Problem in den Griff bekommen will.

Sein Entwurf einer neuen Ethik akzeptiert auch das Unvollkommene und Wilde in uns und lässt auch diese widersprüchlichen Seiten in Menschen mitleben. Diese neue Ethik kann Gutes und weniger Gutes gelten lassen.

Die moralische Latte müsste zwar dabei etwas tiefer gehängt werden, doch dafür würde die Chance für kleine Veränderungen in der menschlichen und gesellschaftlichen Entwicklung größer. Außerdem: Viel Verlogenheit, Heuchelei und doppelbödige Moral fiele weg.

Bei dieser neuen ethischen Weltanschauung hätten also nicht nur Vorbilder wie Albert Schweitzer eine Chance, sondern auch wildere Typen wie der bereits erwähnte prominente Aussteiger Henry David Thoreau, der sich mit der unkonventionellen Art des zivilen Ungehorsams für ethische Ziele eingesetzt hat.

Im Gegensatz zur alten Ethik ist die neue nicht nur für eine Elite, sondern auch für die durchwachsenen Moralvorstellungen von Teilzeitheiligen geeignet.

Ein Versuch mit der neuen Ethik wäre es wert. Sie könnte auch die wilderen Naturen gesellschaftsfähig machen, deren Lebensmotto lautet: „Live free or die".

Aldo Leopolds „Landethik"

Dass wild und achtsam keine Gegensätze sein müssen, zeigte der amerikanische Forstmann und Wildlife-Manager Aldo Leopold schon in der ersten Hälfte des 20. Jahrhunderts. Bereits 1924 forderte er ein erstes Wilderness-Schutzprogramm und entwarf die sog. „Landethik", die den Menschen Verantwortung für wildes Land abverlangt.

Ein Schlüsselerlebnis, das zu dieser ethischen Haltung führte, beschrieb er in seiner Schrift „Thinking like a Mountain". In feinfühliger Weise schildert er den Tod einer Wölfin, in deren Augen der Schütze den Berg erkennt, dessen Hänge die Wölfin vor der Überweidung schützte.

Die Wildnis-Ethik des Ökologen und Waldexperten Leopold ist bis heute ein Vorbild für amerikanische Naturschützer und Beispiel für eine achtsame Haltung gegenüber der urwüchsigen Natur.

Wildnis – Rückzug von überkommenen Denkweisen

Die Entdeckung der Wildnis in uns braucht Mut zum Rückzug von überkommenen Denkweisen, Mut zur eigenen Entwicklung und seelischem Wachstum. Wildnis im Kopf heißt, Dynamik im Denken zuzulassen, Prozesschutz für die Weiterentwicklung von Ideen, die Kontrolle durch die Ratio aufzugeben und der eigenen Intuition zu trauen. Wildnis heißt umdenken, sich verwandeln, zuschauen und staunen lernen.

Nur Mut! Verdrängen wir den deutschen Gartenzwerg aus unseren Köpfen zugunsten wilderer Gesellen. Nicht Chaos, sondern Achtung und Gespürigkeit für Lebendiges werden die Folge sein.

Das Wilde hinter der Maske

Wer Schmetterlinge lachen hört,
der weiß,
wie Wolken schmecken.
Novalis

Born to be wild

Wilde Sonntage, Feriencamps, Kunstwerkstätten

Beim Fotografieren der vielen Szenen bei den Wilden Sonntagen, den Feriencamps oder auch bei Projekttagen mit Schulklassen konnte ich immer wieder erleben, wie selbstvergessen viele Kinder beim Spiel oder beim Basteln waren, so dass sie die Fotografin gar nicht bemerkten. Ich habe es genossen zu beobachten, wie kreativ und natürlich sich unverbildete Kinder in einer Umgebung von „wilder" Natur verhalten. Ein fünfjähriges Mädchen beispielsweise zog spontan die Schuhe aus, um barfuß ihr Werk, verschiedene Gräser zu sammeln, fortzusetzen.

Und selbst große Rabauken, die, wie mir Lehrer berichteten, in der Schule mehr Ärger als Freude bereiten, konnten beim Indianerspielen endlich ihre überschüssigen Energien und Phantasien ausleben. Kinder wollen nicht belehrt, sondern verzaubert werden. Erwachsene übrigens genauso.

Wie solches Verzaubern in der Praxis aussehen kann, konnte ich vor vielen Jahren auf einer Studienreise in die USA mit einer Gruppe von Umweltpädagogen erleben. Ziel der Reise waren über 20 Umweltbildungseinrichtungen und Nationalparks in Kalifornien und Arizona. Hier wurde Umweltpädagogik inszeniert wie gute Unterhaltungsprogramme: mit allen Sinnen – mit Kopf, Herz und manchmal auch Show-Elementen.

Beginnend mit einem fröhlichen Song und einem Bewegungsspiel zogen die „Ranger" oder „Trainer" los mit einem Rucksack voller Utensilien zur anschaulichen Demonstration jener Naturphänomene, die dort auf die Kinder zukamen. Angesichts einer Biberburg beispielsweise wurde ein Biberschädel mit rot-braunen Nagezähnen und ein Döschen mit dem Geruch von Bibergeil ausgepackt. Der Gang in die Natur wurde zur Abenteuerreise. Da erinnerte nichts an Schule – es war Begeisterung pur.

Bei vielen, die wir im Bildungs- und Naturschutzbereich dort kennen lernten, den „naturalists", habe ich zum ersten Mal gespürt, was die amerikanischen Naturphilosophen mit „wilderness spirit" beschreiben. Es ist letztlich eine Lebensphilosophie, die den ganzen Menschen beseelt und Energien zum Schutz der Natur mobilisiert.

Auch wenn ich nicht alles schönreden will, was in den USA passiert – wie bei allen Menschen und allen Staaten gibt es auch hier nicht zu übersehende Schattenseiten – so habe ich doch von dieser Reise viel Begeisterung als Triebkraft für mein eigenes Naturschutzengagement und vor allem viel Anregungen für die praktische Umweltbildungsarbeit mitgenommen. Und wer einmal in seinem Leben einen Blick in den Grand Canyon bei untergehender Sonne werfen durfte – der kann nur in Andacht vor diesem großartigen Meisterwerk der Schöpfung verstummen und etwas von der spirituellen Dimension von Naturerfahrungen ahnen.

Genug der Schwärmerei – als ob es in unserem Lande nicht ebenfalls erhabene Naturphänomene gäbe...

Auf zum Wilden Sonntag

Der Titelsong „Born to be wild" stand auf jeden Fall Pate bei unseren Überlegungen zu einem Familienprogramm „Auf zum wilden Sonntag". Nur bitte keinen langweiligen Sonntagsspaziergang – der Schreck vieler Kids.

Bald waren auch genügend Ideen zu einem kreativen Alternativprogramm geboren, und die Resonanz der Besucher war enorm. Endlich ein ansprechendes Sonntagnachmittagsprogramm für Kinder – und Eltern. Denn die blieben nicht, wie wir anfangs dachten, bei leckerem Bio-Kuchen und Kaffee in der Schlossschänke sitzen, sondern wollten selbst dabei sein. Sehnsucht Wildnis eben – wieder einmal selbst Kind sein dürfen, herumstreunen unter alten Bäumen, ein Pfeifchen schnitzen, ein Schiff bauen und dabei viel lachen.

Titel der bisherigen Wilden Sonntage

- Auf leisen Pfoten unterwegs
- Luftikus und Wirbelwind
- Komm, wir verzaubern den Wald
- Auf der Spur von Papyrus und Co.
- Lederstrumpf und Weiße Feder
- Pfeif drauf – Musikinstrumente aus Naturmaterialien
- Zu Besuch bei Biene Maya & ihren Freunden
- Schiff ahoi! Wir bauen ein Piratenboot
- Auf leisen Pfoten durch den Wald
- Einladung zum Träumen: Märchenhafter Nachmittag
- Spürnasen und Fährtensucher
- Die Geschichte vom Baum – Theater für Kinder
- Willkommen in Entenhausen
- Wilde Ufer am Wasser
- Wichtelgeflüster im Zauberwald
- Raschellaub und Baumgestalten
- Natur hat Ideen

Feriencamps

Einmal im Wald übernachten, auch wenn es einen morgens fröstelt und die Mama weit weg ist – das ist für viele Kinder ein unvergessliches Erlebnis. Die ersten Erfahrungen mit

dem Stockbrot am Lagerfeuer machen – wenn man's nicht dreht, verbrennt die eine Seite – und schließlich die heißen Kartoffeln wieder aus dem Feuer holen. Solches Lagerleben hebt sich kontrastreich vom Schulalltag ab. Deshalb sind unsere Feriencamps bei Kindern besonders beliebt.

Und wenn ein echter Steinzeitforscher zeigt, wie man damals Feuer gemacht hat und tatsächlich die ersten Funken sprühen – dann ist es irre spannend, und alle Kinderaugen sind auf das entstehende Feuer gerichtet.

Was wäre ein Indianerlager ohne Pfeil und Bogen zu basteln und dann im Wettstreit auf eine Zielscheibe zu schießen – schön mit Korken an der Spitze, damit sich auch niemand verletzt. Etwas friedlicher ist da schon dieses Spielchen: Ein echter Indianer verzieht kein Gesicht, auch wenn er durch zwei Reihen von Grimassen schneidenden Kindern gehen muss. Und schon mancher Erwachsene, der nichts ahnend einen harmlosen Besuch bei den Indianern machen wollte, kam nicht um diesen Spießrutenlauf herum.

Titel der bisherigen Feriencamps und Kreativwerkstätten für Kinder

- Born to be wild – Leben im Wald
- Winterzauber in der Wildnis des Bayerischen Waldes
- Indianercamp
- Steinzeitlager
- Brauner Bär und Weiße Feder – Auf den Spuren der Indianer
- Robin Hood – Leben in den Wäldern
- Tausend und eine Nacht – im Land des Zaubers
- Alibaba und die vierzig Räuber

Bildhauerin Gretel Eisch (li.) mit einer Teilnehmerin bei einer Kunstwerkstatt

um das Leben besser zu verstehen und das Gespür für die elementaren Dinge wieder zu entdecken.

Die Bildhauerin Gretel Eisch dazu: „Natur und Kunst haben gleichermaßen ihre Gesetzmäßigkeiten – im Loslassen entsteht Schönheit, immer etwas Neues, nie Vorherzusehendes; ein Gefühl von Verlässlichkeit stellt sich ein, ein Gefühl für Dauer, Geduld und Langsamkeit."

Warum nicht einmal die wildesten Fantasien in Kunstwerke verwandeln...

Holzplastik von Gretel Eisch

Kunstwerkstätten

Haben Sie sich schon mal als Kunst-Schaffender ausprobiert? Nein? Dann wissen Sie nicht, wie viel Kreativität in Ihnen schlummert. Ich bin immer wieder verblüfft, welch' beachtliche Werke gerade von Teilnehmer/innen unserer Kunstwerkstätten geschaffen werden, die sich zum ersten Mal in ein fremdes Metier wagen.

Das Irdische, Erdige, Holzige, Steinige gilt es mit Händen zu begreifen,

Titel der bisherigen Kunstwerkstätten

- Fantasien aus Holz
- Farbholzschnitte
  mit der Bildhauerin Gretel Eisch
- Wilde Schrottkunst
- Fantasien aus Altpapier
  mit den Künstlern Paul W. Winkler und
  Renate Haimerl-Brosch

Über all diese Veranstaltungen Näheres aus-
zuführen, würde den Rahmen dieses Buches
sprengen. Erleben sie es am besten selbst!

Alles Schrott-Kunst

*Der Vogel wird bunt – Künstler Paul W. Wink-
ler und die Künstlerin Renate Haimerl-Brosch
bemalen ein Objekt in der Kunstwerkstatt
„Fantasien aus Altpapier"*

Worte sind Vögel
Mit ihnen davonfliegen
Hilde Domin

Der Erde Flügel verleihen

Wie Poesie archetypische Bilder der wilden Natur in uns wachrufen kann

„Finden Sie die Verwendung von Naturlyrik heute noch zeitgemäß?", fragte mich kürzlich ein Journalist in einem Interview. Warum nicht – Gedichte kommen niemals aus der Mode.

Viele Menschen sehnen sich in einer Welt kalter Rationalität nach einem Ort unverstellter Gefühle, nach der Nähe zum wirklichen Leben.

Gedichte sind Konzentrate von Gefühlen und Stimmungen. Deshalb ist die Lyrik gerade in Zeiten der Naturzerstörung und der immer größer werdenden Kluft zwischen Natur und Zivilisation lebensnotwendiger denn je.

Poetische Texte lassen uns mehr vom Leben spüren, lehren uns eine subtilere Wahrnehmung des Lebendigen, setzen ungeahnte Kräfte frei und können Starres in Bewegung bringen. Sie beflügeln uns, nehmen uns mit auf Ausflüge zum Nachdenken und Staunen und lassen uns klarer sehen: die Welt in ihrer Widersprüchlichkeit und die Kostbarkeit des Augenblicks ohne das ganz normale Fiasko des Alltags auszusparen.

Poesie kann im Gegensatz zur rein naturwissenschaftlichen Erhebung eine ganz andere Dimension der Natur erfassen. Während in einem naturwissenschaftlichen Koordinatensystem nur die Materie in Form von Zahlen und mathematischen Formeln aufscheint, kann in der Lyrik die „Musik" einer Landschaft eingefangen werden. Die Kraft der Poesie steigert die Naturwahrnehmung.

„Besessene Botschafter der Natur"

Gedichte sind „besessene Botschafter der Natur". So hat es die Literaturwissenschaftlerin und Philosophin Manon Andreas-Grisebach formuliert, die in ihrem Buch „Wörter sind Vögel" Naturgedichte aus fünf Jahrhunderten analysiert. Sie kommt zu der Erkenntnis, dass die Natur in den unterschiedlichen literarischen Kompositionen in mehreren Zusammenhängen und Interpretationsweisen vorkommt: die Natur als Zufluchtsort, als Ort von Ewigkeit und Zeithaben; die Natur um ihrer selbst willen ist ebenso Thema wie die Einheit von Mensch und Natur.

Gedichte können eine rein menschenbezogene Sichtweise der Natur aufbrechen und einladen, selbst ein Teil der „Erdgemeinschaft alles Lebendigen" zu sein.

Poesie gegen die tägliche Abstumpfung und Unachtsamkeit

Und was könnte besser gegen die tägliche Abstumpfung und Unachtsamkeit wirken als die sensible, sinnliche Sprache der Poesie? Insofern führt uns die Literatur zu Erkenntnissen und Lerneffekten, die durch keine andere Methode zu gewinnen sind.

Neue Bilder der Lebensbewältigung und Naturwahrnehmung können dabei entstehen, die unsere unbewusste Sucht, Mittelpunkt sein zu wollen, überwinden helfen und zu einen behutsameren Umgang mit Leben hinführen.

Gedichte können trösten. „Wer könnte leben ohne den Trost der Bäume?" Allein die sprachliche Schönheit dieses Verses aus dem vielzitierten Gedicht von Günter Eich „Ende eines Sommers" ist eine Labsal für die Seele.

ENDE EINES SOMMERS

Wer möchte leben ohne den Trost der Bäume!
Wie gut, daß sie am Sterben teilhaben!
Die Pfirsiche sind geerntet, die Pflaumen färben sich,
während unter dem Brückenbogen die Zeit rauscht.
Dem Vogelzug vertraue ich meine Verzweiflung an.
Er mißt seinen Teil von Ewigkeit gelassen ab.
Seine Strecken werden sichtbar
im Blattwerk als dunkler Zwang
die Bewegung der Flügel färbt die Früchte.
Es heißt Geduld haben.
Bald wird die Vogelschrift entsiegelt,
unter der Zunge ist der Pfennig zu schmecken.

Günter Eich

Bilder der Natur werden auch häufig für das Älterwerden, dem Todnahe-sein und für das Abschiednehmen bemüht. In Gottfried Benns Gedicht „Letzter Frühling" werden ein letztes Mal die Forsythien und der Flieder beschworen, die Fülle des Lebens mit den Rosen im Juni ein letztes Mal auszukosten. Fast ist man versucht, sich an solch lebensdichter Melancholie zu laben.

LETZTER FRÜHLING

Nimm die Forsythien tief in dich hinein
und wenn der Flieder kommt, vermisch auch diesen
mit dem Blut und Glück und Elendsein,
dem dunklen Grund, auf den du angewiesen.
Langsame Tage. Alles überwunden.
Und fragst du nicht, ob Ende, ob Beginn,
dann tragen dich vielleicht die Stunden
noch bis zum Juni mit den Rosen hin.

Gottfried Benn

Und trotzdem: Wozu diese Sentimentalitäten, wird mancher nüchterner Zeitgenosse fragen. Der Natur kann doch nur allein mit politischen Verhandlungen und entsprechenden Schutzprogrammen geholfen werden, so die landläufige Meinung vieler.

Tatsache ist aber auch: Die Naturzerstörung beginnt im Kopf. Und wenn wir es nicht schaffen, die inneren Bilder des Menschen anzusprechen und damit die Naturbeziehung des Menschen zu emotionalisieren, dann wird unser Erfolg nicht nachhaltig sein.

Die Literatur ist daher ein weiteres wertvolles Medium, um Menschen in der Tiefe ihrer Seele zu erreichen, die archetypischen Bilder der wilden Natur in ihnen zu aktivieren und damit ihre eigene Lebendigkeit und Widerstandskraft zu wecken.

(Litera)Touren durch die wilde Natur
Einladung zur literarischen Erlebniswanderung

Literarische Erlebniswanderung – was ist denn das? Es ist eine Form der Natur- und Literaturvermittlung, die sich im Laufe meiner umweltpädagogischen Tätigkeit herausgebildet und bewährt hat. Das Prinzip ist zunächst einfach: Man suche sich besondere Plätze in der Natur aus – wie z. B. unter einem schönen alten Baum oder eine lauschigen Stelle am Rande eines Gewässers oder auch ein erhabener Ort auf einem Berg mit guter Aussicht. Nach diesen Orten werden dann Gedichte und literarische Texte ausgesucht, die einen Bezug zu der jeweiligen Naturszenerie haben. Schließlich stellt man eine Wanderroute mit solchen verschiedenen Stationen zusammen und trägt dann die jeweiligen Texte vor.

Um eine meditative Stimmung herbeizuführen, empfiehlt es sich, die Teilnehmer/innen zu bitten, die Augen zu schließen und ihren Atemrhythmus zu spüren. Auch Geräusche sollen bewusst wahrgenommen werden.

Tipp: Nehmen sie Kunststoffmatten zum Sitzen in der Natur mit – dann ist es auch an kühleren Tagen noch angenehm auf dem Erdboden.

Die interessantere und interaktive Version einer literarischen Erlebniswanderung läuft so ab: Zwischen zwei Bäumen wird eine Wäscheschnur gespannt, auf die Textblätter mit Wäscheklammern gehängt werden. Die Teilnehmer/innen lesen sich zunächst alle Texte durch und suchen sich dann einen aus, den sie später selbst vorlesen und ihre Gedanken dazu vortragen. Meine Erfahrung ist es, dass sich in kürzester Zeit eine sehr persönliche und tiefgehende Atmosphäre einstellt, die eine Gruppe schnell zusammen wachsen lässt.

Eine kreative Erweiterung der literarischen Erlebniswanderung erfuhr ich auf einem Workshop unter dem Titel „Wassersuche in der Literatur", den ich im Rahmen eines Seminars anbot. Ein Teilnehmer kam auf die Idee, Gedichte zu rhythmisieren und eventuell eine Textpassage herauszunehmen und im Kanon nach jeder Strophe zu wiederholen.

Das von einer Teilnehmerin ausgesuchte Gedicht „Fröhlicher Regen" von Georg Britting bot sich dazu bestens an. „Wie der Regen tropft, Regen tropft, an die Scheiben klopft!" Und dazu noch mit zwei Steinen aufeinanderschlagend die Regentropfen hörbar machen, war eine weitere Idee aus der Gruppe. Auf jeden Fall konnten wir als Ergebnis des Arbeitskreises eine beachtliche „lyrische Symphonie" aufführen, die für alle Beteiligten eindrucksvoll war und zudem Spaß machte.

Lassen sie also Ihrer Fantasie bei der Verwendung von Lyrik freien Lauf. Oder lassen sie die Teilnehmer selbst kurze Texte nach der Assoziationsmethode verfassen.

Wirkmächtige Texte

Immer wieder habe ich mich gewundert, warum manche Texte besonders gut ankommen. Nach vielen meiner Vorträge – ich verwende dabei häufig auch Lyrik – wurde ich immer wieder nach den Quellen bestimmter Gedichte gefragt, ganz unabhängig von der jeweiligen Zielgruppe.

Im Laufe der Jahre habe ich mir eine Sammlung solcher wirkmächtigen Texte zugelegt, aus der ich im folgenden schöpfen kann. Die Auswahl ist subjektiv und soll Sie anregen, ihre eigenen Favoriten herauszusuchen. Die Texte sind in der Erwachsenenbildung erprobt und

sprechen Menschen an, die offen sind für die geistige Kraft und den Charme der Poesie.

Gedichte können nur schwer in Schubladen eingeordnet werden. Trotzdem habe ich versucht, eine Auswahl nach folgenden Themenbereichen zu treffen:

Bäume und Wald, Wasser und Gewässer, Tageszeiten und Jahreszeiten, Schönheit und Sinnlichkeit der Natur, Natur und Mensch, Leben und Wandel, Steine, Zeit und Ewigkeit.

Viel Spaß beim Herumstreunen im Garten der Poesie!

FRÖHLICHER REGEN

Wie der Regen tropft, Regen tropft,
An die Scheiben klopft!
Jeder Strauch ist naß bezopft.

Wie der Regen springt!
In den Blättern singt
Eine Silberuhr.
Durch das Gras hin läuft,
Wie eine Schneckenspur,
Ein Streifen weiß beträuft.

Das stürmische Wasser schießt
In die Regentonne,
Daß die überfließt,
Und im breitem Schwall
Auf dem Weg bekiest
Stürzt Fall um Fall.

Und der Regenriese,
Der Blauhimmelhasser,
Silbertropfenprasser,
Niesend faßt er in der Bäume
Mähnen,
Lustvoll schnaubend in dem herrlich
vielen Wasser.

Und er lacht mit fröhlich weißen
Zähnen
Und mit kugelrunden, nassen
Freudentränen.

Georg Britting

Worte in den Wind geworfen

Eine Sammlung poetischer Texte

DER BAUM

Da war da dieser Baum.
Nichts weiter als grün,
wenn es soweit war,
mit einem Schatz von
Blättern und Vögeln,
Schatten, je nach Tageszeit,
bei schönem Wetter,
ohne Umwelt, für sich,
mit Gewitter und Leuten,
die sich kurz unter ihm liebten,
den Kopf voll Sonne –
ein Gedicht wert wie dieses.
Dieser Baum. Ich warf
einen Stein nach ihm.
Er kann nicht zurück.
Ich bestieg ihn langsam
und verirrte mich
in einem fernen Land.

Karl Krolow

BÄUME SIND HEILIGTÜMER

Bäume sind für mich immer die
eindringlichsten Prediger gewesen.
Ich verehre sie, wenn sie in Völkern
und Familien leben, in Wäldern und
Hainen. Und noch mehr verehre ich
sie, wenn sie einzeln stehen. Nicht
wie Einsiedler, welche aus irgendeiner
Schwäche sich davongestohlen
haben, sondern wie große, vereinsamte
Menschen, wie Beethoven und
Nietzsche. In ihren Wipfeln rauscht
die Welt, ihre Wurzeln ruhen im
Unendlichen; allein sie verlieren sich
nicht darin, sondern erstreben mit aller
Kraft ihres Lebens nur das Eine:
ihr eigenes, in ihnen wohnendes
Gesetz zu erfüllen, ihre eigene Gestalt
auszubauen, sich selbst darzustellen.
Nichts ist heiliger, nichts ist vorbild-
licher als ein schöner, starker Baum.
...
Bäume sind Heiligtümer. Wer mit
ihnen zu sprechen, wer ihnen zuzu-
hören weiß, der erfährt die Wahrheit.
Sie predigen nicht Lehren und Rezepte,
sie predigen, um das Einzelne
unbekümmert, das Urgesetz des
Lebens.

Hermann Hesse

VOM BAUM LERNEN

Vom Baum lernen
der jeden Tag neu
sommers und winters
nichts erklärt
niemanden überzeugt
nichts herstellt.

Einmal werden die
Bäume die Lehrer sein
und das Wasser wird trinkbar
und das Lob so leise
wie der Wind an einem
Septembermorgen.

Dorothee Sölle

BITTERSÜSSER NACHTSCHATTEN

Warst du es, Merlin,
oder der Baumfalke,
der
einem eiligen Gedanken
im Dämmerschatten
zwischen den Irisdüften
gefolgt ist?
Mit blauen Glocken
haben sie
den Wachtelkönig
empfangen.
Doch das Festkonzert
der Unken und Schwirle
hat ein Blitz
zerrissen.

Hast du, Merlin,
Die Flatterkinder
beschützt,
als die Eiche
zerborsten ist?
Am andern Morgen
steigt
Erdrauch
aus dem Moor.
Und an den Wassern
wuchert
bittersüßer Nachtschatten.

Hubert Weinzierl

WASSER

Welche Heiterkeit und Majestät hat
doch das stille Wasser! Wie seltsam,
daß die Menschen um Gold und Dia-
manten ein solches Wesen machen,
da dieses kostbare Element alltäglich
ist. Ich sah bei Mondschein einen fernen Fluß, der geräuschlos dahinfloß
wie am Tage, immer weiter ins Meer,
wie geschmolzenes Silber, in dem der
Mond sich spiegelt. Ein Schimmer
von Herrlichkeit liegt auf dem Wasser
bei Nacht. Dadurch ist der Himmel
der Erde verwandt, denn diese ist von
dem Himmel unter dir nicht zu unter-
scheiden. Du siehst den Mond in
einem Tümpel gespiegelt, und schon
löst die Erde sich unter deinen Füßen
auf. Der zauberhafte Mond mit einem
Gefolge von Sternen schaut plötzlich
mit mildem Glanz aus einem Fenster
in der dunklen Erde.

Henry David Thoreau

DER FÄHRMANN

Zärtlich blickte er in das strömende
Wasser,
in das durchsichtige Grün,
in die kristallenen Linien seiner
geheimnisreichen Zeichnung.
Lichte Perlen sah er aus der Tiefe steigen, stille Luftblasen auf dem Spiegel
schwimmen,
Himmelsbläue darin abgebildet.
Mit tausend Augen blickte der Fluß
ihn an, mit grünen,
mit weißen mit kristallnen, mit him-
melblauen.
Wie liebte er dies Wasser, wie ent-
zückte es ihn,
wie war er ihm dankbar!
Im Herzen hörte er die Stimme sprechen, die neu erwachte,
und sie sagte ihm: Liebe dies Wasser!
Bleibe bei ihm!
Lerne von ihm!
Ja, er wollte von ihm lernen, er wollte
ihm zuhören.
Wer dies Wasser und seine Geheimnisse verstünde,
so schien ihm,
der würde auch viel anderes verstehen, viele Geheimnisse, alle Geheimnisse.

Hermann Hesse

SEHNSUCHT NACH WILDER NATUR

Ich sehne mich nach einer wilden
Natur,
die mein Fuß nicht durchdringen
kann,
nach Wäldern,
in denen die Walddrossel ihr ewiges
Lied erklingen läßt,
in denen jede Stunde
ein früher Morgen ist
und der Tag
auf immer unberührt.

Henry David Thoreau

MORGENDÄMMERUNG

Lösche die Kerzen
und zünde die Blumen an.
Der Tag
kann nicht rufen.
Er trägt die Sterne im Mund.
Nur eine Amsel singt
in seiner geschlossenen Hand.
Die Nacht
steigt auf den Scheiterhaufen
und vergeht in Flammen.

Anise Koltz

ARNIKA

Tausend Bremsen
tanzen
um den schwülen Wetterstock
am Pilgramsberg.
Feuerbraun
wie die Blütenblätter
der Blutaugen
sind die Arme
der Heuladerin:
Einzige Eile,
die Sinn hat,
den Duft
ins Haus zu holen.

Jetzt trocknen
die Wohltaten
dunkler
Schneenächte
unterm Bienengesurr.
Da sind Hollerblüten,
Johanniskräuter
und Fieberklee.
Beifuß fehlt noch
und Thymian.
Und immer wieder
blühen die Linden.

Hubert Weinzierl

DIE AMSELN HABEN SONNE GETRUNKEN

Die Amseln haben Sonne getrunken,
Aus allen Gärten strahlen die Lieder,
In allen Herzen nisten die Amseln,
Und alle Herzen werden zu Gärten
Und blühen wieder.

Nun wachsen der Erde die großen
Flügel
Und allen Träumen neues Gefieder.
Alle Menschen werden wie Vögel
Und bauen Nester im Blauen.

Nun sprechen die Bäume im grünen
Gedränge
Und rauschen Gesänge zur hohen
Sonne,
In allen Seelen badet die Sonne,
Alle Wasser stehen in Flammen,
Frühling bringt Wasser und Feuer
Liebend zusammen.

Max Dauthendey

SPRINGKRAUT

Wo Windwurflöcher
und Schneefetzen
aus dem Waldkleid
gerissen sind,
bei den Farnquellen
im Schatten
der Weltenesche
sind wir:
Springkräuter.

Hol der Teufel
euer jämmerliches Gequake!
Nichts als Menschen,
Menschen, Menschen ...

Wen aber kümmert,
dass das Eichhorn
an der Eschenwurzel nagt?

Nie höre ich euch
über Waldameisen
oder
über den Sonnenstrahl
reden,
der mittags
den Waldbach
so honigbraun
und katzensilbrig
perlen lässt.

Unsere Schwestern
sind Seegräser
und himmelblaues
Vergissmeinnicht.
Ins Gesicht springen
möchten wir euch:
Immer nur

Menschengequake!
Gestern,
als der Kuckuck
verspätet
in der Dämmerung
lachte,
ist die goldgekrönte
Ringelnatter
über unsere gläsernen Füße
gelaufen.
gebebt haben wir
vor Lust
und ein paar
von uns sind zersprungen.

Hubert Weinzierl

DER VOGEL

Du bist vom Wind erlöste Acker-
krume,
du bist ein Kind von Fisch und
Blume.
Aus allem aufgehoben,
bist du der Wunsch der Seele,
daß sie im tollsten Toben
sich nicht mehr quäle.
Du bist vom Stern geboren
in einer großen Nacht.
Pan hat sein Herz verloren
und dich daraus gemacht!

Wolfgang Borchert

GEMEINSAM

Vergesset nicht
Freunde
wir reisen gemeinsam

besteigen Berge
pflücken Himbeeren
lassen uns tragen
von den vier Winden

Vergesset nicht
es ist unsre
gemeinsame Welt
die ungeteilte
ach die geteilte

die uns aufblühen lässt

die uns vernichtet
diese zerrissene
ungeteilte Erde
auf der wir
gemeinsam reisen

Rose Ausländer

61

HECHT

Das Jüngste Gericht kam ganz anders.
Da saß unerwartet
nicht der weißbärtige Alte,
der die Leistungshonorare ausfertigte,
sondern seine Geschöpfe
saßen da:

Die Graureiher hackten
den Fischern und dem
Landwirtschaftsminister die Augen
aus
und ein Hecht ließ
ein blondes Weib
am Blinker zappeln.

Überall an den Wänden
hingen ausgestopfte Jägerköpfe
und die Herren
in ihren chemieweißen Mänteln
wurden von Bienen und
bunten Schmetterlingen
durch eine gelbe Giftwolke gejagt,
voran ein dicker Konzernherr,
dessen aus dem Maul gekippte
Zigarre
die Spritzbrühe lustig entflammt hat.

Man sah Beamte und Hausfrauen
in engen Käfigen hocken
und die Kälber und die Hühner
drehten ihnen das Sonnenlicht ab.

Siebenundvierzig Professoren;
darunter elf Nobelpreisträger,
waren mit Schläuchen
über ihre Gehirne zusammen-
gekoppelt,
damit die weißen Ratten
endlich erforschten,
wozu das Menschenhirn
so groß geworden ist.
Ein Spekulant und ein Wirtschafts-
experte
steckten bis zum Hals
in einem Betonteich
und die weißen Seerosen'
hielten sie an den Armen gefesselt.
Autos, an deren Steuer Igel und
Kröten saßen,
flitzten über Menschenleiber hinweg,
daß es munter spritzte und kreischte.
Und während ein verkrüppeltes
Eichhörnchen
zwischen einem Atomphysiker
und einem Genforscher
hin- und herhopste,
stürzten zwei mächtige Tannen
auf eine Schar von Naturschützern,
Frömmlern und Müttern
nieder
und sie brüllten ächzend,
warum auch die Sehenden
so feige waren.
"Bei einer Göttin",
flüsterte enttäuscht
der milde Abendwind,
"bei einer Göttin wäre
das alles nicht passiert!
Aber der alte Macher halt..."

Hubert Weinzierl

VERHANDELN IST ZWECKLOS

Verhandeln ist zwecklos.
Aber vielleicht
Ist doch noch nicht alles verloren,
und das grüne Denken
Des Laubes, die Glocke der Nachti-
gallen darin,
Und die Droge Sommer und Stille
bleiben weiter
Bekömmlich, die süßen Gebärden
Der Vergeblichkeit rühren den Stein.
Die Hoffnung bietet Anlaß genug,
Das Leben zu korrigieren.
Aber im Zugwind
Steht der einsame Scharfschütze,
der kein Verhandeln
Kennt.

Karl Krolow

DIE GESTUNDETE ZEIT

Es kommen härtere Tage.
Die auf Widerruf gestundete Zeit
wird sichtbar am Horizont.
Bald mußt du den Schuh schnüren
und die Hunde zurückjagen in die
Marschhöfe.
Denn die Eingeweide der Fische
sind kalt geworden im Wind.
Ärmlich brennt das Licht der Lupinen.
Dein Blick spurt im Nebel:
die auf Widerruf gestundete Zeit
wird sichtbar am Horizont.

Drüben versinkt dir die Geliebte im
Sand,
er steigt um ihr wehendes Haar,
er fällt ihr ins Wort,
er befiehlt ihr zu schweigen,
er findet sie sterblich
und willig dem Abschied
nach jeder Umarmung.
Sieh dich nicht um.
Schnür deinen Schuh.
Jag die Hunde zurück
Wirf die Fische ins Meer.
Lösch die Lupinen!

Es kommen härtere Tage.

Ingeborg Bachmann

FADENSONNEN

Fadensonnen
über der grauschwarzen Ödnis
Ein baum-
hoher Gedanke
greift sich den Lichtton: es sind
noch Lieder zu singen jenseits
der Menschen.

In den Flüssen nördlich der Zukunft
werf ich das Netz aus, das Du
zögern beschwerst
mit von Steinen geschriebenen
Schatten.

Paul Celan

GRANIT

Urvater,
gestrenger Hort
aller Ängste.
Du sprichst nie,
lächelst nur.
Flechten,
graue und gelbe Flechten
sind deine Kleider.
Taufbecken
und Grabstein
der Welt.

Hubert Weinzierl

WOLF

Manchmal
möchte ich mich
aus dem Wahnsinn dieser Welt
verabschieden.
Und ich träume
dass ich ein Baum bin.
Aber dann habe ich Angst
vor den gelben Wolken
und vor den Zähnen
in meinem Fleisch.
Mein Hund
möchte ich mancheinmal sein.
Aber dann habe ich Angst,
einen anderen Herrn zu bekommen.
Mancheinmal,
wenn ich mich vom Wahnsinn
dieser Welt
Verabschieden möchte
will ich
ein milder Frühlingswind sein.
Aber dann habe ich Angst,
dass mich'
die lauten Schüsse
zerreißen.
Du
möchte ich sein,
damit ich weiß,
ob Du mich magst.
Oder ein Stein
ganz tief drinnen,
wo die Ängste schlafen.

Hubert Weinzierl

GESCHECKTE SCHÖNHEIT

Ehre sei Gott für gesprenkelte Dinge –
Für Himmel zwiefarbig wie eine
gefleckte Kuh;
Für rosige Male all hingetüpfelt auf
schwimmender Forelle;
Kastanien-Fall wie frische Feuerkoh-
len; Finkenflügel;
Flur gestückt und in Flicken –
Feldrain, Brache und Acker;
Und alle Gewerbe, ihr Gewand und
Geschirr und Gerät.
Alle Dinge verquer, ureigen, selten,
wunderlich;
Was immer veränderlich ist, scheckig
(wer weiß wie?)
Mit schnell, langsam; süß, sauer,
blitzend, trüb;
Was er hervorzeugt, dessen Schönheit
wandellos:
Preis ihm.

Gerard Manley Hopkins

Übersetzung von Ursula Clemen
und Friedhelm Kemp

SONNENGESANG

ein lied für die sonne
meine flammende schwester
zündet den tag an
entfacht mit feuer mein herz aus
reisig
ein lied für den mond
der bezwungene bruder
trägt meine schritte auf erkalteter
asche
durch die nächte des alls
ein lied für die erde
meine fruchtbare mutter
nährt ihre kinder mit schönheit und
anmut
im sommer der welt
ein lied für das leben
mein verborgener vater
zeugt meine träume
und teilt voller lust die tage mit mir
zeit und ewigkeit
ein lied für die liebe
meine zärtliche freundin
weint aus meinen augen
als ich sie sah auf dem segel der
nacht
ein lied für die liebe
ein lied für den tod
mein schweigender Freund
nimmt mir die angst
er tötet die ängste und flüstert mir
leise
die ewigkeit zu

Wolfgang Poeplau

(nach Worten des
hl. Franz von Assisi)

WOLLGRAS

Wollgräser
wiegen sich
wie zärtliche Gedanken
und ihre Flocken
träumen
Sonnenglück.

Früher,
als es noch
mehr gute Gedanken
gab,
da standen
die Wiesen
voller Wollgräser.
Da redeten sie
noch über den
Fieberklee und den Erdrauch.
Arnika war wichtig
und die Moosbeere,
um in langen Wintern
die Bratäpfel zu füllen.

Wollgräser
wiegen sich
wie zärtliche Gedanken
und ihre Flocken
träumen
die Erinnerung.

Hubert Weinzierl

Wir sind nicht die Ärzte,
wir sind der Schmerz.
Spruch über dem Eingang eines
Moskauer Theaters

Theater in der Wildnis

Ort der wilden Gefühle

Die Pyramiden-Eiche im Schlosspark Wiesenfelden erstrahlt in märchenhaft-bläulichem Scheinwerferlicht. Zwischen zwei Ästen ist das Gesicht des Königs zu sehen, der die Königin beim Lesen ihrer sentimentalen Gedichte belauscht. Ein bizarr-romantisches Szenenbild, in dem Natur und Kunst zu einem Gesamtkunstwerk verschmelzen. Die glanzvolle Premiere des Schauspiels „Yvonne, die Burgunderprinzessin" war im Wildnisgelände rund um das Schloss Wiesenfelden an wechselnden Schauplätzen im Sommer 2001 zu erleben. Das Stück stammt von dem polnischen Autor Witold Gombrowicz und wurde von dem ostbayerischen Regisseur Joseph Berlinger bearbeitet und inszeniert. „Theater in der Wildnis" – ein Element des Naturerlebnisprojekts „Sehnsucht Wildnis".

Was hat Theater mit Naturschutz zu tun? Zum einen bietet sich die wildromantische Naturkulisse im Schlosspark von Wiesenfelden förmlich zum Theaterspielen an, zum anderen gibt es auch inhaltliche Gründe.

Theater erreicht nicht nur die Köpfe, sondern auch die Herzen der Menschen. Die Umweltkrise ist bekanntlich auch eine Krise des Menschen, die zur inneren Armut geführt hat. Denn mit dem Entwässern der Moore wurde auch das Grundwasser unserer Seele abgegraben.

Das Theater ist eine ideale Zugangsweise, um in die Welt der Gefühle, in den Dschungel des Unbewussten vorzudringen. Es stellt das Leben in seiner Zerrissenheit und Irrationalität dar ohne moralische Wertung und ohne den Anspruch, Lösungen der menschlichen Probleme aufzeigen zu wollen.

Über dem Eingang eines Moskauer Theaters steht: „Wir sind nicht die Ärzte, wir sind der Schmerz." Theater zeigt letztlich auch den Bemühungen, andere überzeugen und verändern zu wollen, Grenzen auf.

Auch die Beziehung des Menschen zur Natur hat viel mit seiner unbewussten Verfassung zu tun. In der Pädagogik ist längst bekannt, dass der Mensch nicht wie ein Automat funktioniert, in den man oben Informationen reinwirft und unten die richtigen Verhaltensweisen rauskommen. Der Mensch ist keine „klappernde Denk- und Rechenmaschine ohne Leiden und Begehren" (Friedrich Nietzsche).

Der Bremer Hirnforscher Gerhard Roth stellt fest, dass ungefähr 90 Prozent der Prozesse in unserem Hirn unbewusst ablaufen und unser Verhalten von unterschwelligen Gefühlen und Motiven gesteuert wird.

Nehmen wir diese Erkenntnisse ernst, dann hat dies gewaltige Konsequenzen für die Vermittlung unserer ökologischen Anliegen. Wir müssen demnach die Gefühle, die Sehnsüchte und Bedürfnisse der Menschen ansprechen, wenn wir den Kopf erreichen wollen.

Übrigens wird der Gedanke, Theaterelemente in der Umweltbildungsarbeit einzusetzen, schon im Kapitel 36 der Agenda 21, dem Aktionsprogramm der Umweltkonferenz von Rio (1992), aufgegriffen: Empfohlen wird

Lustig drauf – Sepp Fischer in der Rolle der Cousine von Yvonne

darin eine „kooperative Beziehung zu den Medien, populären Theatergruppen sowie der Unterhaltungs- und Werbebranche" zu pflegen und von deren Methoden der Beeinflussung von öffentlichen Verhaltensmustern zu lernen.

Bei dem Stück „Yvonne, die Burgunderprinzessin" geht es um die Wildnis im Menschen, die ungelebten Leidenschaften, den Drang, frei zu sein von aufgezwängten Rollen, und die Sehnsucht, das Leben wirklich zu leben.

Zum Inhalt: Der gelangweilte Prinz Philipp verlobt sich aus einer Laune heraus mit der eigenartigen, fremden Yvonne. Diese bringt durch ihr Schweigen und ihre radikale Verweigerung jeglicher Anpassung den Königshof in völlige Verwirrung. Die Hofgesellschaft verliert die Fassung und wird bis zur Kenntlichkeit bloßgestellt. Die Nerven liegen blank, die aggressiven Kräfte und geheimen Gelüste kommen zum Vorschein. Tückische Mordpläne gegen die Prinzessin sind die Folge. Schließlich stirbt sie an einem grätenreichen Fisch, der ihr bei einem Gastmahl am Hof verabreicht wird.

Ein Stück voller tiefenpsychologischer Deutungsmöglichkeiten. Da stellt beispielsweise der Kammerherr fest: „Sie ist nicht dumm, sie ist nur in einer dummen Lage". Oder der Prinz philosophiert vor sich hin: „Es gibt Personen, die wie geschaffen sind, alles aus dem Gleichgewicht zu bringen, aufzureizen, zu erregen und einen verrückt zu machen." Und an anderer Stelle: „Augenscheinlich muss man jemand viel Schlechteren ausfindig machen, um das Bessere in sich zu erkennen."

Theater – ein Ort wilder Gefühle. Die Konfrontation mit dem Leben, wie es wirklich ist, lässt uns irrationale Vorgänge in der Welt besser verstehen und bewahrt uns vor Enttäuschungen.

Die Schauspieler/innen der Yvonne-Inszenierung waren Anne Boeckh (Yvonne), Peter Wenk (Prinz Philipp), Georg Lorenz (König), Malika Kilgus (Königin), Werner Rösch (Kammerherr), Eva Sixt (Hofdame), Sepp Fischer und Katharina Kwaschik (Cousinen von Yvonne).

Zur Inszenierung von Gombrowicz' „Yvonne, die Burgunderprinzessin"

Von Joseph Berlinger

Ein junger Prinz, gefangen in den Konventionen des Hofes und der Familie, begegnet einer seltsamen, hässlichen, fremden, verwilderten jungen Frau. Sie tritt in sein Leben, sie taucht auf, unvermittelt und irritierend. So wie der unzivilisierte Kaspar Hauser eines Tages auf einem fränkischen Marktplatz auftauchte. Wie in eine fremde Welt geworfen.

Der junge Prinz wird magisch angezogen von der unzivilisierten, schweigsamen Fremden. Sie verkörpert seine Sehnsucht nach dem radikalen Anderssein, seine Sehnsucht nach der Wildnis.

Yvonne ist der Spiegel ihrer Umgebung. So wie sie beim Prinzen die Sehnsucht nach dem Wilden, nach der Provokation, nach dem Unentdeckten auslöst, so löst sie beim Rest der Hofgesellschaft Ängste aus. Beim König, bei der Königin kommt Verdrängtes hoch, wird Uneingestandenes bewusst, tauchen alte Schuldgefühle wieder auf. Alles Verdrängte, Abgründige, Verleugnete meldet sich „zu Wort".

Die wilde, unzivilisierte, fremde, schweigsame, verstörte und verstörende Yvonne weckt ambivalente Wünsche. Der junge Prinz sehnt sich nach dem Anderssein – durch und mit Yvonne. Seine Eltern, der König und die Königin, kennen diese Sehnsucht nach dem Anderssein ebenfalls. Sie haben diese Sehnsucht schon gelebt: der König in Form von wilder, rücksichtsloser Weiberei, die Königin

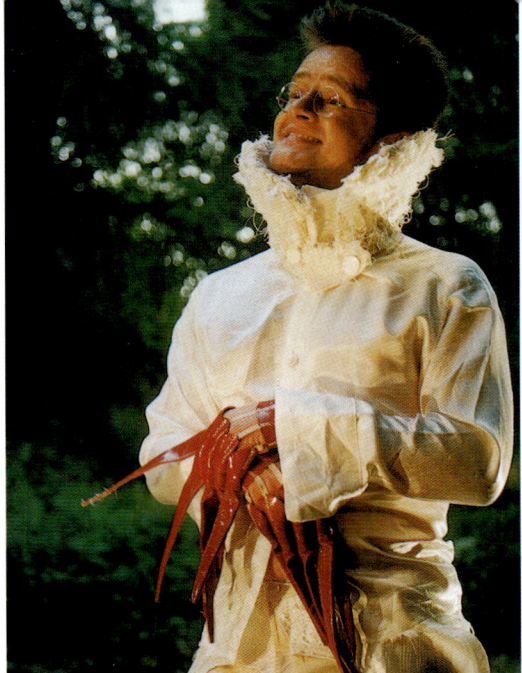

in Form von wilder, ekstatischer Dichtkunst. Beide haben diese Sehnsucht zivilisiert, gebannt, gekappt, geopfert – auf dem Altar der Moral, der guten Umgangsformen, des Zeremoniells, der höfischen Zivilisiertheit. Und beiden wird diese Verdrängung bewusst – durch Yvonne. Ein Paradox: Yvonne, die nichts sagt, nichts verrät, ausgerechnet ihr wird zugetraut, dass sie alles weiß. Man hat Angst vor ihr.

Yvonne ist die Verkörperung der uneingestandenen Wildheit. Die Menschen, die ihr begegnen, verändern sich. Sie sehen in die Abgründe ihrer Seelen. Sie werfen einen Blick in das Schattenreich ihrer Psyche. Sie werden konfrontiert mit ihren Tiefen. Sie werden gestoßen auf den Weg zu sich selbst.

Yvonne (Anne Boeckh) im Glaskasten

Der gelangweilte Prinz (Peter Wenk) verliebt sich in Yvonne

So ist es nur konsequent, dass die zunächst als Kuriosum bestaunte Yvonne aus der Welt geschafft werden muss. Die Hofgesellschaft will sich nicht irritieren lassen. Keiner will aus der Bahn geworfen werden. Jeder will in seiner Ordnung bleiben.

Die Faszination der Yvonne, also: die Sehnsucht nach der Wildnis – sie ist von kurzer Dauer. Ein Strohfeuer. Ein vorübergehender Sturm. Ein befristetes Chaos der Gefühle. Ein Dschungel der Empfindungen. Eine Aufwallung verdrängter Leidenschaften. Yvonne ist die Erinnerung an einen Zustand vor der Ordnung, vor der Höflichkeit, vor der Übereinkunft. Sie verweist zurück auf etwas, das einmal war, aber nicht mehr ist. Das wir noch dunkel ahnen, aber nicht mehr spüren. Nach dem wir uns sehnen, vor dem wir uns aber fürchten: Wildnis.

Unkraut nennt man die Pflanzen,
deren Vorzüge
noch nicht erkannt worden sind.
Ralph Waldo Emerson

Gundermann trifft Gänseblümchen

Rendezvous mit Wildkräutern in der Küche

Wer könnte dem Charme von Wildkräutern widerstehen? Wer einmal im Wald in ein weißes Meer aus blühendem Bärlauch eingetaucht ist oder wer sich die kecken blau-violetten Blütenköpfe des Gundermanns aus der Nähe angeschaut hat, der bekommt eine Ahnung von der Sinnlichkeit der Wildkräuter – nur von sinnlich Verkümmerten als „Un-Kräuter" verkannt.

Schon im Alten Testament schwärmte man von diesen wilden Geschöpfen Gottes:

"Jedes Ding ist vom anderen verschieden, keines von ihnen hat er vergeblich gemacht. Eines ergänzt durch seinen Wert das andere. Wer kann sich satt sehen an ihrer Pracht?" (Jesus Sirach 42,24f)

In einem kleinen Forsthaus am Rande der Wildnis lebend, von Brennesseln, Giersch und

Beinwell umzingelt, sind mir diese Wildpflanzen vertraute Nachbarn, und ich habe die Vorzüge dieser aufdringlichen Gesellen in der Küche zu schätzen gelernt.

Nachdem ich als berufstätige Frau kaum zum „Unkraut"-Zupfen im Garten komme, habe ich mich irgendwann zu einem anderen Umgang mit Wildpflanzen entschlossen: Einfach wegessen und immer wieder neue Rezepte als alternative „Unkrautvernichtungsmittel" kreieren.

Außerdem ist die gesundheitsfördernde Wirkung der wilden Pflanzen beachtlich. Wussten Sie, dass die Brennessel beispielsweise im Vergleich zu einem Kopfsalat das 30fache an Vitamin C, das 50fache an Eisen, das 25fache an Magnesium und das 14fache an Kalzium beinhaltet? Na also, warum sich nicht mehr von den wilden Gaben Gottes beschenken lassen wie die Vögel des Himmels, die nicht säen, nicht ernten, keine Vorräte sammeln und doch genug zu essen finden. Ganz zu schweigen von den verborgenen Heilkräften der Wildpflanzen, die in der Zeit des Fastfoods in Vergessenheit geraten sind.

Wildkräuter gehören schon lange zu meinen Leidenschaften. Die Vorfreude auf ein Rendezvous mit ihnen beginnt schon an den langen Wintertagen. Denn die hohe Zeit der Wildkräuter bedeutet Frühling, die erste Wärme des Frühsommers mit duftenden Wiesen voller Farben, Frische und Wohlgefühl. Natur pur – wie sie sich in ihren schönsten Kleidern zeigt. Was gibt es Schöneres, als sich im Frühling in eine Blumenwiese zu legen...

Warum soll denn alles über den Kopf gesteuert werden? Warum nicht einmal Naturschutz „wild" über den Bauch betreiben!? Bei der Sympathiewerbung für Wildkräuter ist dies buchstäblich möglich über leckere Gerichte zum „Verinnerlichen" der Artenkenntnis. Ganz nebenbei können Informationen über die teilweise bedrohten Lebensräume solcher Pflanzen vermittelt und die Sinnhaftigkeit des biologischen Landbaus aufgezeigt werden. Kochen mit Wildkräutern – eine schmackhafte Art, Naturschutz zu betreiben.

Schon seit Beginn der 80er Jahre bietet das BN-Bildungswerk im Umweltzentrum Wiesenfelden Kochkurse mit Bio-Produkten an. Zugegeben waren die Anfänge zu körnerlastig, und von den ersten Weihnachtsplätzchen mit Zuckerrübensirup waren noch nicht einmal unsere Hühner begeistert. Inzwischen hat sich unsere Küchenpraxis zu einer kulinarischen Bio-Schlemmer-Werkstatt von hohem Niveau entwickelt. Der Geschmack steht an erster Stelle: das Biologische und Gesunde merkt man dem Essen nicht mehr an.

Mit der Einrichtung einer Öko-Küche und dem Start des Projekts „Öko-Küche/Essen aus der Region" im Jahr 1996 wurde die kulinarische Vermittlung auch von Umwelt-, Naturschutz- und Gesundheitsthemen erneut intensiviert.

Große Renner unter den Kochangeboten waren in den letzten Jahren die Seminare „Frühsommer in der Küche, Kochen mit Wildkräutern und Sprossen" oder „Gundermann, Spitzwegerich, Frauenmantel & Co, Kochen mit Wildkräutern und alten Gemüsesorten".

Aber was nützen noch so schöne Titel ohne gute Köche! Der Bio-Gourmet-Koch Hans Kraus (vom Restaurant „Weiherblasch" im Schönseer Land) und der Koch- und Küchenmanagementprofi Bernd Trum haben viele unserer Seminarteilnehmer/-innen mit ihren kulinarischen Kunstwerken beglückt und mit ihrer Kochphilosophie angesteckt.

Guten Appetit! Gemeinsames Essen beim Seminar „Frühsommer in der Küche"

*Kochen mit Wildkräutern in der
Öko-Küche Schloss Wiesenfelden*

Auch bei unserem erlebnispädagogischen Angebot für Schulklassen zum Thema Wiese geht's nicht ohne einen frisch zubereiteten Wildkräuterquark. Auf unserer Traumwiese sammeln die Kinder Löwenzahn, Spitzwegerich, Gundermann, Frauenmantel, Giersch, Sauerampfer und was sie sonst noch an essbaren Pflanzen entdecken. Dann wird alles fein geschnitten und mit dem bereits mit Milch verdünnten und mit Pfeffer und Salz gewürzten Quark vermischt. Nicht zu vergessen das Gänseblümchen – auf dem Wildkräuterquark darf es als dekorative Augenweide

nicht fehlen. Direkt auf der Wiese, inmitten der unaufdringlich schönen Wildpflanzen verzehrt, ist dies für alle ein wahrer Genuss.

Was könnten doch die Wildkräuter unsere Küchenkultur und damit unsere Lebensqualität bereichern...

Die Küche wird fälschlicherweise oft abgetan als das unpolitische Reich unbedeutender Frauen – ein großer Irrtum, den schon der Philosoph Friedrich Nietzsche erkannt hat. Von ihm stammt der Satz: „Durch den vollkommenen Mangel an Vernunft in der Küche ist die Entwicklung des Menschen am längsten aufgehalten und am schlimmsten beeinträchtigt worden." Wie wahr!

Deshalb wird auch die Politik mit dem Kochlöffel noch eine große Zukunft haben.

Nun verrate ich Ihnen noch ein paar meiner Wildkräuter-Lieblingsrezepte.

Lassen Sie sich davon anregen, Ihren eigenen Fantasien im Reich der geheimnisvollen Wildpflanzen freien Lauf zu lassen. Literatur zum Vertiefen dieses schmackhaften Themas finden Sie im Literaturverzeichnis.

BÄRLAUCH-QUICHE

Zutaten
Für Mürbeteig:
500 g Weizenvollkornmehl,
180 g Butter, 2 Eier, etwas Salz,
ein paar EL kaltes Wasser
Für Belag:
500 g Bärlauch, 1 EL Butter,
400 g Schafskäse, 500 g Quark,
4 Eier, 100 g Walnüsse,
Muskatnuss und Pfeffer,
ein paar EL Milch nach Bedarf,
150 g geriebenen Emmentaler

Zubereitung
Teigzutaten verkneten und in einer gebutterten runden Backform auslegen. Eine halbe Stunde kalt stellen.

Bärlauch fein schneiden und in Butter andünsten. Schafskäse, Quark, Eier, gehackte Walnüsse verrühren, die abgekühlte Bärlauchmasse dazugeben und mit Gewürzen abschmecken.

Teig 10 Minuten vorbacken, Bärlauchcreme auf den vorgebackenen Teigboden geben und mit Emmentaler bestreuen. Bei 190 °C weitere 30 Minuten backen.

BRENNESSEL-KNÖDEL

Zutaten
500 g Brennessel, 500 g Vollkorn-Toastbrot, 1/4 l Milch, 30 g Butter,
1 Knoblauchzehe, 3 Eier, Salz, Pfeffer, Muskatnuss, 2 EL Mehl,
2 EL Semmelbrösel, 80 g Butter,
80 g geriebenen Parmesankäse

Zubereitung
Das Toastbrot in kleine Teile zerrupfen und die Milch darüber gießen. Die Brennessel waschen und in Salzwasser 5 Minuten garen. Das Wasser abgießen und die Brennessel fein hacken. Butter zerlassen, klein gehackte Zwiebel und Knoblauchzehen darin anschwitzen, gehackte Brennessel dazu geben und ca. 5 Minuten dämpfen. Brennessel und Eier über das kleingerupfte Toastbrot geben und mischen, mit Salz, Pfeffer und Muskatnuss abschmecken. Mehl und Semmelbrösel zugeben. Aus der Masse Knödel formen und ca. 15 Minuten in Salzwasser kochen.

Die Brennessel-Knödel werden mit zerlassener Butter und Parmesankäse zum Überstreuen serviert.

WILDKRÄUTER-QUARK-NOCKERL

Zutaten
400 g gemischte Wildkräuter (Löwenzahn, Gundermann, Frauenmantel, Giersch, Spitzwegerich, Sauerampfer etc.) 250 g Quark, 2 Eier, 100 g Dinkelmehl, Pfeffer und Muskat,
100 g Gorgonzola, 1/8 l Milch, etwas Mineralwasser, 50 g Pecorino-Käse

Zubereitung
Wildkräuter waschen und im heißen Wasser 3 Minuten blanchieren. Das Wasser abgießen und die Wildkräuter hacken. Zusammen mit dem Quark, den Eiern und dem Mehl zu einem Teig verarbeiten. Mit Pfeffer und Muskat würzen.

Mit zwei Löffeln Nockerl abstechen, ins kochende Wasser geben und ziehen lassen, bis sie an die Oberfläche steigen.

Inzwischen den Gorgonzola mit Milch und Mineralwasser in einem Topf schmelzen lassen.

Die fertigen Nockerl in eine Auflaufform setzen, mit der Käsesoße übergießen und den geriebenen Pecorino darüber streuen. Nochmals in der Röhre kurz überbacken, bis der Käse geschmolzen ist.

GRÜNER WILDKRÄUTER-OBATZDA

Zutaten

2 Hand voll Wildkräuter (Löwenzahn, Hirtentäschel, Frauenmantel, Spitzwegerich, Sauerampfer etc.),
100 g Schafskäse, 100 g Quark, etwas Sahne, 1 TL Kürbiskernöl

Zubereitung

Wildkräuter waschen und fein schneiden, Schafskäse, Quark, Sahne und Kürbiskernöl zu einer cremigen Masse vermischen, Wildkräuter unterheben, zur Garnierung ein paar Kräuter auf dem grünen Obatzdn anrichten.

WALDMEISTER-TRAUM

Zutaten

5 – 7 Stengel Waldmeister,
1/2 l Apfelsaft, 1 P. Sahne-Puddingpulver, 1 Ei getrennt,

2 EL brauner Zucker,
etwas geschlagene Sahne und Gänseblümchen zur Garnierung

Zubereitung

Waldmeister in Apfelsaft ca. 3 Stunden ziehen lassen. Durchs Sieb gießen. Puddingpulver mit Zucker, ein wenig Saft und Eigelb anrühren. Den Saft zum Kochen bringen und das Puddingpulver einrühren, das Eiweiß schlagen und in den heißen Brei rühren. Dann in Schüsselchen füllen und kalt stellen. Mit Sahneklecks und Gänseblümchen garnieren.

LINDENBLÜTEN-DINKEL-PFANNKUCHEN

Zutaten

2 Hand voll Lindenblüten (ohne Stiel),
200 g Dinkelmehl, fein gemahlen,
4 Eier (Dotter und Eiweiß getrennt),
1/4 l Milch, 2 EL brauner Zucker,
Prise Salz

Zubereitung

Eigelb, Zucker, Salz, Milch und Mehl zu einem Teig verrühren. Eiweiß schlagen und unter den Teig mischen. Butterschmalz in der Pfanne erhitzen und einen Teil des Teiges hineingießen (reicht für insgesamt 4 Pfannkuchen). Zunächst die eine Seite gold-

braun backen. Die Lindenblüten (vorher waschen und trocken tupfen) darauf verteilen, den Pfannkuchen umdrehen und fertig backen.

Gut zu den Pfannkuchen schmeckt Ahornsirup. Man kann sie auch mit Himbeermarmelade bestreichen und rollen.

BÄRLAUCHPESTO

Zutaten

150 g Bärlauch, 3 EL geriebenen Parmesankäse, 3 EL gemahlene Kürbiskerne, reichlich Olivenöl, etwas Pfeffer und Kräutersalz

Zubereitung

Bärlauch fein schneiden, mit Parmesankäse, Kürbiskernen und Olivenöl im Mixer zu einer cremigen Masse verarbeiten, mit wenig Pfeffer und

Kräutersalz abschmecken und in ein Glas füllen, hält im Kühlschrank wochenlang.

TZATZIKI MIT WIESENKNOPF

Zutaten
2 Hand voll Wiesenknopf, 250 g Joghurt, 250 g Quark, 3 – 4 Zehen Knoblauch, 1 Gurke (mittelgroß), 3 EL Olivenöl, 1 EL Essig, Salz, Pfeffer

Zubereitung
Blätter vom Wiesenknopf waschen, trocken tupfen und fein schneiden. Joghurt und Quark in einer Schüssel mischen. Gurke reiben, Knoblauch pressen, mit Öl und Essig, Salz und Pfeffer unter die Joghurt-Quark-Masse mengen. Zum Schluss die Wildkräuter dazugeben. Mit ein paar Gurkenscheiben und einer Olive garnieren.

WILDKRÄUTER- SOUFFLÉ

Zutaten
300 g Wildkräuter (Brennessel, Giersch, Löwenzahn, Spitzwegerich, Breitwegerich, Frauenmantel, Gundermann etc.), 1 Zwiebel, 6 Knoblauchzehen, 50 g Parmesan, gerieben 3 EL Quark oder Ricotta, 100 g Dinkelmehl, fein gemahlen, 2 Semmel, in Milch eingeweicht, 5 Eier (Dotter und Eiweiß getrennt), Salz, Pfeffer, Muskatnuss, etwas Butter und Semmelbrösel für die Form

Zubereitung
Wildkräuter 3 Minuten in kochendem Wasser blanchieren, abseihen und wie Spinat klein schneiden. Zwiebel fein würfeln, Knoblauchzehen durchpressen. Mit Parmesan, Quark, eingeweichten Semmeln und Eidotter verrühren, mit Salz, Pfeffer und Muskatnuss abschmecken. Eiweiß steif schlagen und darunter mischen.

In eine gebutterte und mit Semmelbrösel ausgestreute Soufflé-Form füllen (2-Liter-Kastenform) und bei 180 Grad ca. 45 Minuten backen. Danach etwas abkühlen lassen. In 2 cm dicke Scheiben schneiden und evtl. mit einer Käsesoße (Mascarpone/Gorgonzola) servieren.

Zur effektvollen Dekoration wirken bunte Blüten dazu (wie z.B. Kapuzinerkresse-Blüten).

Ungezähmte Zeit

Leben im Rhythmus mit der Natur

Muss unbedingt ein Kapitel über die Zeit in diesem Buch geschrieben werden, fragte ich mich angesichts des drohenden Abgabetermins des Buchmanuskriptes. Es muss. Denn hinter der Sehnsucht nach Wildnis verbirgt sich eine noch viel größere Sehnsucht – nach erfüllter Zeit. Frei zu sein von Zeitzwängen, vom Leistungsdruck in der Berufswelt, von vielfältigen Rollenerwartungen; machen zu können, was man will – das ist der Traum von vielen Stress-Geplagten in einer gnadenlosen Leistungsgesellschaft. Die Zeit ist zum häufigst gebrauchten Begriff unserer Zeit geworden.

Das Verhältnis des Menschen zur Zeit gehört für mich zu den wichtigsten ökologischen und sozialen Zukunftsthemen. Wenn die Kluft zwischen dem gesellschaftlich aufgezwungenen Tempo und den natürlichen Zeitrhythmen in der Natur immer größer wird, bleibt keine Zeit mehr, um die Natur überhaupt noch wahrzunehmen, geschweige denn sie zu schützen.

Zeit hat viel mit Moral zu tun. Wann sollen wir uns überhaupt gut verhalten können, wenn uns das enge Korsett des modernen Effektivitäts-Denkens keinen Raum mehr dazu lässt? Hat vielleicht auch der Rückgang des ehrenamtlichen Engagements etwas damit zu tun?

Die moderne Kommunikationstechnik hat uns eine Überfülle an Informationen beschert. Nur unser Hirn ist in seiner evolutionsgeschichtlich konservativen Art nicht mitgewachsen. Wir sind überreich an Informationen, aber arm an Seelenkräften.

Die Sehnsucht nach Wildnis scheint mir auch deshalb in unseren Tagen so groß zu sein, weil die Natur eine Gegenwelt zur durchgeplanten und funktionalisierten Industriewelt bietet. In der Natur gilt nicht nur die gerade Linie; Schnörkel und Umwege sind erlaubt. Einfach sein und andere sein lassen ist die Grundregel. Tun oder Nichtstun ist möglich. Das Chaos ist nichts Ungewöhnliches. Die Kreativität blüht. Wie sagte doch einst Friedrich Nietzsche: „Ich bin deshalb so gerne in der Natur, weil sie keine Moral kennt."

Die Hinführung zur Natur hat demnach auch einen therapeutischen Effekt. Das Leben mit den Rhythmen der Natur, die Wahrnehmung der Jahreszeiten, das bewusste Erleben von Sonnenaufgang und Sonnenuntergang, das regelmäßige Füttern von Tieren bringt Menschen näher an das ursprüngliche, elementare Leben heran und verleiht ihnen Gelassenheit und Geduld. Die Natur ist der beste „Coach" im Umgang mit der Zeit.

Ich bin nämlich eigentlich ganz anders,
aber ich komme nur so selten dazu.
Ödön von Horváth

Wie sich die Unfähigkeit zu warten und Geduld zu haben ökologisch auswirkt, zeigt das klassische Beispiel von der ICE-Strecke von Nürnberg nach München: Nur wegen einer Einsparung von fünf Minuten Fahrzeit wurde der Neubau einer Strecke von Nürnberg über Ingolstadt favorisiert und die umweltschonendere, bereits vorhandene Trasse von Nürnberg über Augsburg abgelehnt. Fünf Minuten länger – es wäre eine Chance gewesen, über den Sinn und Wahnsinn der Welt nachzudenken und dabei noch eine Milliarde Euro zu sparen.

Trotzdem soll das enorme Problem des Zeit- und damit Konkurrenzdrucks in unserer Gesellschaft nicht verharmlost werden. Auch ich muss gestehen, dass ich von Zeit-Not geplagt vor vielen Jahren den Verheißungen der neuen Zeitmanagement-Propheten verfallen bin. Damals habe ich mir einen dieser sündteuren Zeitplan-Kalender zugelegt, um bald zu erkennen, dass sich kaum etwas Wesentliches mit einer besseren Organisation der Zeit und einem geschickten Abwehren von Zeitdieben ändert.

ALLES HAT SEINE STUNDE

Als Theologin hätte ich es eigentlich wissen können, dass die Sache mit der Zeit in etwas tieferen Dimensionen angegangen werden muss, dass es dabei um unsere Lebensziele, ja letztlich um den Sinn des Lebens geht.

Wie viel Leben wollen wir uns vor dem Tod zugestehen? Wie viel Leben wollen wir der Karriere opfern? Was bedeuten mir meine Freunde und meine Familie? Mit solchen Fragen sollten wir uns viel mehr auseinandersetzen, wenn wir ein befriedigendes Verhältnis mit der Zeit finden wollen. Nicht die Zeit als solche ist problematisch, sondern das Problem sind wir und unser Verhältnis zu unserem Leben.

Zu den besten Zeit-Ratgeber-Büchern zählt für mich mittlerweile die Bibel.

Folgende Verse aus dem Buch Kohelet im Alten Testament gehören meines Erachtens zu den schönsten Texten über die Vielfalt der Zeit und des Lebens:

Für jedes Geschehen unter dem Himmel
gibt es eine bestimmte Zeit:
eine Zeit zum Gebären
und eine Zeit zum Sterben,
eine Zeit zum Pflanzen
und eine Zeit zum Abernten der Pflanzen,
eine Zeit zum Töten
und eine Zeit zum Heilen,
eine Zeit zum Niederreißen
und eine Zeit zum Bauen,
eine Zeit zum Weinen
und eine Zeit zum Lachen,
eine Zeit für die Klage
und eine Zeit für den Tanz;
eine Zeit zum Steinewerfen
und eine Zeit zum Steinesammeln,
eine Zeit zum Umarmen
und eine Zeit, die Umarmung zu lösen,
eine Zeit zum Suchen
und eine Zeit zum Verlieren,
eine Zeit zum Behalten
und eine Zeit zum Wegwerfen,
eine Zeit zum Zerreißen
und eine Zeit zum Zusammennähen,
eine Zeit zum Schweigen
und eine Zeit zum Reden,
eine Zeit zum Lieben
und eine Zeit zum Hassen,
eine Zeit für den Krieg
und eine Zeit für den Frieden.
(Kohelet 3,1-8)

Und ein paar Verse später wird das Fazit gezogen:

"Ich hatte erkannt: Es gibt kein Glück für den Menschen, es sei denn ein jeder freut sich, und so verschafft er sich Glück, während er noch lebt." (Kohelet 3,12)

Dies erinnert mich an den frechen Theologenspruch: Es gibt auch ein Leben vor dem Tod. Wie schön, dass wir darüber in der Bibel so viel erfahren können.

Zu den besten Zeit-Tipps gehört außerdem das bekannte Sabbatgebot – der Sabbat als Auszeit der Woche:

"Sechs Tage darf man arbeiten, aber am siebten Tag ist vollständiger Ruhetag, ein Tag heiliger Versammlung, an dem ihr keinerlei Arbeit verrichten dürft."

(Levitikus 23,3)

Und wer hätte das gedacht, wie ökologisch und sozial modern in der Bibel in Sachen Zeit gedacht wird: Auch das Land darf im siebten Jahr ausruhen.

"Sechs Jahre sollst du dein Feld besäen, sechs Jahre sollst du deinen Weingarten beschneiden und seinen Ertrag ernten. Aber im siebten Jahr soll das Land eine vollständige Sabbatruhe zur Ehre des Herrn halten...

Der Sabbat des Landes selbst soll euch ernähren: dich, deinen Knecht, deine Magd, deinen Lohnarbeiter, deinen Halbbürger, kurz jene, die sich bei dir aufhalten. Auch deinem Vieh und den Tieren in deinem Land wird sein ganzer Ertrag zur Nahrung dienen." (Levitikus 25,3-7)

Die existentielle Bedeutung der sogenannten Leerzeiten sind daher nicht zu unterschätzen. Aus solchen Überlegungen heraus habe ich auch meine Einstellung zum Warten, zu Umwegen und zu Pausen entscheidend geändert.

Falls ich noch die Gelegenheit habe, beim Zahnarzt einige Minuten warten zu dürfen, genieße ich die freie Zeit, ordne meine Gedanken im Kopf oder hänge meinen Träumen nach – wild und ungezähmt.

Auch die Pausen werden mir in der Bildungsarbeit immer wichtiger. Sie sind die Chance für „wilde" Kommunikation und für menschliche Begegnungen, die oft mehr vermitteln als noch so gute Vorträge.

Und falls Sie sich einmal trübe Gedanken über Ihre fortschreitende Lebenszeit machen sollten, dann kann ich Ihnen zum Schluss noch einen ermutigenden Text von Albert Schweitzer anbieten, der Ihr Gemüt sicher bald erhellen wird:

WIE BLEIBT MAN JUNG?

Jugend ist nicht ein Lebensabschnitt –
sie ist ein Geisteszustand.
Sie ist Schwung des Willens,
Regsamkeit der Phantasie,
Stärke der Gefühle,
Sieg des Mutes über Feigheit,
Triumph der Abenteuerlust über die Trägheit.

Niemand wird alt, weil er eine Anzahl Jahre hinter sich gebracht hat.
Man wird nur alt, wenn man seinen Idealen
Lebewohl sagt.
Mit den Jahren runzelt die Haut,
mit dem Verzicht auf Begeisterung aber runzelt die Seele.

Du bist so jung wie deine Zuversicht,
so alt wie deine Zweifel.
So jung wie dein Selbstvertrauen,
so alt wie deine Furcht.
So jung wie deine Hoffnungen,
so alt wie deine Verzagtheit.

Solange die Botschaften der Schönheit,
Freude, Kühnheit, Größe dein Herz erreichen,
solange bist du jung.

Der Mensch ist um so reicher,
je mehr Dinge er lassen kann.
Henry David Thoreau

Wildnis ist da, wo wir sie zulassen

Vom chemiefreien Garten bis zum wilden Garten

Eigentlich wollte ich heute Abend ins Brandmoos, wo an diesen heißen Sommertagen der Erdrauch und das Herzblatt blühen. Dann schien mir der Hammerweiher interessanter, weil dort in der Abenddämmerung die Waldohreule auf Junikäfer und Federgeistchen Jagd macht und die letzten Wachtelrufe im Gerstenfeld verklingen. Oder ein Feuer anzünden zwischen den Granitsteinen inmitten der Brennesselfluren?

Ich blieb auf der Hausbank, meiner Erdmitte sitzen, sah den Schafen und Pferden zu, redete mit den Hunden und den Gänsen, gab dann den Karpfenmüttern Brot und schnitt mir durch die wuchernden Himbeeren den Blick frei auf den Lehenbach, der zwischen Mädesüß und Blutweiderich goldbraun dahin träumte. Über „Wildnis" wollte ich nachdenken, ein Thema, das mich seit Jahr und Tag umtreibt.

Indem ich nun meine eigene Wildnisphilosophie vom „Nichtstun als Naturschutz" und das „Natur Natur sein lassen" in meinem Kopf zu ordnen begann, wurde mir plötzlich der Irrtum bewusst: Wildnis lässt sich nicht denken, Wildnis kann nur sein, Wildnis ist nicht beschreibbar, schon gar nicht planbar; sie ist nicht machbar, sondern nur lebbar.

Wildnis ist eine Absage an die Ordnung, an das typisch deutsche, so schreckliche Verplant-Werden eines jeden Quadratmeters und an die Vertreibung der letzten Geheimnisse und Märchen aus der uns umgebenden Welt. Wildnis ist eine Kultur wider das geradlinige Denken, wider alle „Du-darfst-du-sollst-du-musst"-Zwänge, mit denen Staatsmacht und Religionen unsere Seelenwildnisse gerodet und die kreatürliche Gespürigkeit flurbereinigt haben. Aus der Wildnis lebendiger Herzen haben sie disziplinierte Kulturmenschen geformt, deren Fäden zum Lebendigen zu zerreißen drohen.

Daher sind auch „Wildnis-Lehrpfade", wie sie gerade „in" sind, genauso absurd wie Trachtenfeste oder Trimm-dich-Pfade; letztere brauche ich nicht, wenn ich das wirkliche Leben lebe, und die Klischees von der guten alten Zeit sind so falsch wie die von der Wildnis.

Die Wildnis in unseren Herzen ist Sehnsucht. Sehnsucht nach den Lüsten, die nichts kosten, Sehnsucht

91

nach dem Einfachen, dem Überschaubaren, dem Menschengemäßen; nach Zauber und nach Geheimnissen, nach Ahnung statt Wissen, nach Hoffnung statt Versprechen.

Deshalb muss Wildnis kein Urwald, kein Wildfluss, kein Wolfsgeheul sein.

Wildnis ist überall, wo wir sie zulassen: Im chemiefreien Hausgarten, in Wäldern, in denen der Luchs geduldet wird, oder in einer Gesellschaft, die Wildnis denken lässt.

Diese Gesellschaft, in der wir leben, ist seit der Aufklärung, das sind immerhin ein Dutzend Menschengenerationen lang, dem Irrtum nachgelaufen, den Geist von der Seele abzukoppeln, und so ist unsere rechte Gehirnhälfte hoffnungslos verkümmert. Deshalb fällt uns auch das Gespräch mit Bäumen oder die Liebe zu Schmetterlingen so schwer. Und es wird evolutionärer Zeitläufe bedürfen, diesen Generationen-Irrtum zu überwinden.

Vielleicht kommt es aber auch viel schneller; denn je größer der globalisierte Leidensdruck der Wildnis-Ferne wird, um so mehr wächst die Chance eines seelischen Quantensprunges: nicht „zurück zur Natur", sondern „heim in die Wildnis".

Dorthin, wo wir sein dürfen, wie wir sind, leben, lieben, essen, trinken, schlafen, faul und schwach sein, beten, lachen und tanzen. Wild sein und einfach leben.

Wildnis ist also der Traum vom Selbst-sein-dürfen statt der Fremdbestimmung.

Wildnis als Vision, die noch vor dem erwähnten Dutzend Generationen das selbstverständliche Prinzip des ganzheitlichen Mensch-Seins war.

Warum lassen wir uns eigentlich ohne Not die Wildnis wegnehmen?

Sie gehört uns doch! Sie kostet nichts, während wir uns für immer größere Häuser und Autos oder Flugreisen in die angeblich ferne Wildnis nur abrackern und entwürdigen müssen. Wildnis ist also eine Denkweise.

Wildnis ist die Lust, den Garten Eden nicht zu mähen, sondern gelassen auf das Paradies zu warten. Wildnis ist Träumen statt Aufräumen, ist das Gespräch mit der Natur statt über die Natur, was auch so manche Naturschützer und Zutodeforscher nötig hätten.

Der halbe Mond flirtet mit der Venus, Antares ist mittlerweile voller Liebesglut hinter der Linde vor Sankt Ruppert aufgestiegen und von der Hofweide her weht Kamillenduft.

Ich höre leise, Schritte gewordene Gedanken. Da sehe ich zwei große Augen einer Gelbhalsmaus am Rande meines Rotweinglases auftauchen. Eine kleine Wildnis – Wildnis ist überall.

Hubert Weinzierl

Der Frieden der Natur
wird dich durchfluten wie der
Sonnenschein die Bäume.
John Muir

Setzt Euch in die Wiese

Zwischen Waldbienen und Schmetterlingen träumen

Am späten Vormittag, wenn der letzte silbrige Nachttau in den gezähnten Blattkelchen des unscheinbaren, grünblühenden Frauenmantels vertrocknet und die Margeriten ihre Augen ganz weit aufreißen, dann beginnt hier am Wegrain der blau-rote Thymian so lustvoll nach Sommer zu riechen, dass ich alle sogenannten Pflichten auf den Komposthaufen der Zeit werfen und gemeinsam mit den Bläulingen und Wildbienen über den Sinn des Seins träumen oder selber einfach sein möchte.

Aber wo sich hinsetzen oder gar sich in diese blühende Wiesenwelt hineinlegen? Es ist schon ein Kreuz mit dem dauernden Widerstreit, auf alles Rücksicht nehmen zu sollen, diesen ständigen Konflikt zwischen dem Schützen-Wollen der kleinen schwarzgrauen Wegameisen vor mir,

die gerade aus irgendeinem mir unersichtlichen Grunde ihre weißen Puppenkokons aus den Erdlöchern herausschleppen, und dem Drang, mitten in diese blühende Lust hineinzukriechen.

So ein Wildkirschbaum wie dieser dort oben am Wiesenrand müsste man sein, dann bräuchte man solcherlei Skrupel nicht haben und man würde alle diese hässlichen Sünden nicht begehen, nicht Auto fahren, weder Luft noch Wasser verschmutzen oder zuviel Energie verprassen. Keine Tiere würde man aufessen, keinen Lärm machen und niemandem würde man weh tun.

Aber ich bin nun einmal Mensch, also muss ich zu meinem So-Sein stehen. Und so sitze ich also in der Wiese, dicht neben dem flechtengrauen Granitblock am Sandweg, der unsere Hauswiese in zwei Teile trennt: Einen

oberen, den Hang zu den Eichen, Birken und Zitterpappeln am Waldrand hinaufsteigenden, trockeneren Teil, und die zum Erlbach hinunterfallende, feuchte Wiesenhälfte, die wir die Frühlingshälfte nennen, weil dort die Scharbockskräuter und die Gänseblumen, der Sauerampfer und das weißlichblaue Wiesenschaumkraut, der violette Gundermann und die fetten Dotterblumen schon in voller Blüte stehen, wenn der trockene Wiesenhang noch recht mager dasteht.

Um die Frühlingszeit ziehen die gerade heimgekommenen Singdrosseln lange Regenwürmer aus der noch niedrigen Frühlingswiese, die jetzt im Hochsommer zu einer üppigen Ampfer- und Knöterich-Wildnis mit schwarzen Wiesenknöpfen und Teufelskrallen, dazwischen gelbe Hahnenfüße und bläuliche Kuckucksnelken, geworden ist und sich am Bachrand unten in Mädesüßstauden und hochgeschossenem Sumpfbaldrian verliert.

Diese Feuchtwiese unter mir und das Sommerwiesenstück vor mir sind nach dem gängigen Menschenmaß unserer Agrarpolitik in die Kategorie der extensiven, also minderwertigen Wirtschaftsflächen einzuordnen, viel-

leicht sogar unter das sogenannte „Unland", wie die zwar naturnahen, aber wirtschaftsferneren Flächen bezeichnet werden.

Etwa 40 Prozent der deutschen Landwirtschaftsfläche, das sind an die viereinhalb Millionen Hektar, werden im herkömmlichen Sprachgebrauch zwar ebenfalls als Wiesen bezeichnet, sie haben aber als sogenanntes „Dauergrünland" mit dem Wiesenstück vor mir eigentlich nur genauso wenig gemeinsam wie ein Industriepark mit dem Stadtpark, allenfalls sehen beide aus der Ferne grün aus, worauf mich

ein Landwirtschaftsminister einmal vorwurfsvoll hingewiesen hat: „Was wollen Sie denn, wenn ich über Deutschland fliege, ist doch alles grün", hat er gesagt.

Was er aber nicht gesehen hat, ist der schreckliche Verlust der ehemaligen Lebensvielfalt durch die Gülleduschen und Kunstdüngerangriffe auf das deutsche Grünland, das dadurch immer farb- und falterloser wurde. Über siebzig Blütenpflanzen, Gräser und Kräuter habe ich auf dem Wiesenstück vor mir im Verlaufe eines Jahres bewundert, kaum ein Dutzend Arten finde ich in der Intensivwiese nebenan. Nur Löwenzahn, Bärenklau und Weißklee behaupten sich unter den schnellwüchsigen Fuchsschwanz- und Lieschgräsern und dort, wo es am wirtschaftlichsten hergeht, und die „Wiese" siebenmal im Jahr gemäht und wo die reinrassigen Weidelgrasbestände mit Gülle und Kunststickstoff vollgestopft werden – dort ist sie gänzlich zur Monokultur, zur Wiesenvariante des Maisackers verkommen.

Der Stickstoff, ob Gülle oder Kunstdünger, ist der Todfeind aller Blumenwiesen und mit den Blüten, oftmals sogar vor den Blumen selbst, verschwinden auch die Schmetterlinge, deren Raupen sich an den mit giftigen Nitriten angereicherten Wirtspflanzen zu Tode fressen, sofern so eine Schwedenkleeblume und ein Spitzwegerich überhaupt noch zur Blüte gelangen und nicht schon vorher abgemäht werden. Blumen haben eben in Agrarfabriken keinen Platz.

"Ich brauche Eiweiß statt Blumen", hat mein Nachbar einmal gesagt, und weil die Silage zu teuer sei, müssten die Schlachtkühe auf der Industrieweide zu Ende gemästet werden, meint er.

Ich habe jedes mal Angst und Mitleid gleichzeitig, wenn diese Tiere an meinem Wiesenparadies vorbeigetrieben werden und gierig in diesen Feinkostladen und die Apotheke gleichermaßen eindringen möchten, wo jetzt Augentrost und Skabiosen, Labkräuter und Klappertöpfe in der vollsten Pracht stehen.

Aber auch diese Wiese ist, wie alle Flächen der Biobauern, nicht vor den Luftangriffen gefeit, die uns Industrieemissionen, Hausbrand und Autoabgase bescheren, und so gehen auf jeden Hektar unserer heimatlichen Landfläche gut dreißig Kilogramm Stickstoff hernieder, wogegen wir ohne globale Veränderungen ohnmächtig sind, und das macht in fünf Jahren genauso viel wie eine „normale" Jahresdüngung aus.

Auch in diesem Jahr werden wieder Milliarden Euro für Kunstdünger und Pestizide ausgegeben und über unser Land verstreut werden. Die Chemieindustrie erwartet Wachstum im Bereich der Argrochemiekalien und spricht von „Optimismus auch im schwieriger gewordenen Düngemittelsektor."

Vom Trinkwasser ist dabei nicht die Rede, obwohl bei vielen deutschen Wasserversorgungsanlagen mit den Grenzwerten gekämpft werden muss.

Zwei große Ereignisse bringen mich aus diesen agrarpolitischen Gedanken wieder in die Wirklichkeit meines Wiesenglücks zurück:

Ich habe mit meinem Schuh unabsichtlich ein handgroßes Granitsteinstück verschoben und sehe, wie zwei dicke Regenwürmer den Sonnenstrahlen ruckartig ins Erdinnere entfliehen und dabei jene glänzenden Krümel aus dem Hinterleib stoßen, die den eigentlichen Wert eines humusreichen

Mutterbodens ausmachen. Charles Darwin hat dieses Kleinstleben im Regenwurmdarm als das wohl wichtigste Rollenspiel in der Geschichte des Lebens bezeichnet. Kleopatra ließ den Erdlockerer und Kanalisator als heiliges Tier verehren und Aristoteles rühmte die Regenwürmer als die Gedärme der Erde.

Während also die Regenwürmer entschwunden sind, regt sich der Erdmaushügel in einiger Entfernung von mir ein wenig. Ich weiß, dass kein Maulwurf dort an der Arbeit ist, weil Maulwürfe sehr ordentliche Hügel auswerfen, während die Erdmäuse eben solche grobscholligen und unregelmäßigen Haufen wie diesen dort aufschieben.

Es ist immer wieder ein Erlebnis, so eine duftende Handvoll frischer Erde zu fühlen und zu ahnen, dass in dieser Erde mehr kleinste Geschöpfe leben als es Menschen auf der Erde gibt.

Unsichtbar zwar ist das im Boden-Lebende, das „Edaphon", wie es die Griechen genannt haben, für mein Menschenauge, aber das Wissen, dass ich hier ein Stück des Urlebens meiner Blumenwiese festhalte, in welchem Pilzfäden und Erdamöben, Springschwänze und Fadenwürmer mit Rädertierchen, Einzellern und Algen verwoben sind, fasziniert mich immer wieder.

Ich habe mir im Laufe meines Lebens soviel Artenkenntnis angeeignet, dass ich die hier auf der Wiese lebenden vielleicht zweihundert Arten von Tieren und Pflanzen einigermaßen „persönlich" kenne. Aber dort, in diesen unsichtbaren Zaubergärten meiner Handvoll Wiesenerde aus dem Erdmaushügel, leben und wirken Abertausende von Bodenpilzen, Bakterien, Kiesel-, Erd- und Grünalgen, kleinste Insekten, Milben und Würmer, von denen wir viele noch gar nicht einmal kennen, die wir aber mit den schrecklichsten Lebensgiften zu Tode spritzen, anstatt dass wir uns in Erdliebe mit ihnen verbinden.

Deshalb ist in unseren Tagen gar nicht mehr die Spitzenart der Lebenspyramide, etwa dieser Aurorafalter auf dem Sonnenröschen vor mir, die Sorge des Naturschutzes, sondern die Basis alles Lebendigen, welche Vielfalt und Wechselwirkungen erst gewährleistet.

Wir brauchen also Schutzgebiete für das Kleine, für die Wirbellosen, die Einzeller, für das Bodenleben und für das Plankton, um den Lebensfluss aufrechtzuerhalten. Deshalb wollen wir Naturschützer uns auch nicht mit ein paar Naturschutzinseln in einem Meer voller Lebensfeindlichkeit abspeisen lassen, sondern wir brauchen den Lebensschutz auf der gesamten Fläche.

Mit euch Schachbrettfaltern und Erdhummeln, mit den Flockenblumen und Johanniskräutern gemeinsam möchte ich, ja gegen wen möchte ich eigentlich protestieren?

Gegen uns Menschen, zumal gegen uns hier in diesem so reichen Lande, weil wir uns in einer Zeit des größten Wohlstands die Heilkraft der Schafgarbe und den Kamillenduft, den Distelfalter und die Grillenlieder nicht mehr leisten wollen, weil vom Wachstum erdrückt werden soll, was die Hungersnöte der Geschichte überdauert hat.

Dass in Deutschland alle Tage 130 Hektar Fläche, darunter viele solche Sommerwiesen, unwiederbringbar überbaut werden, dass der tagtägliche Weltuntergang also für unendlich viele Mitgeschöpfe stattfindet, dagegen möchte ich eine Revolution entfachen.

Weil aber weder die Heufalter und die braunweiß gebänderten Labkrautspanner, weil nicht die Graseulen und nicht die rottupfigen und purpurflügeligen Widderchen, die sich gerade über den Zottelwicken jagen, zur Wahl gehen können und weil die Mauerbienen und die Wolfsspinne in ihrem zwischen zwei Hornkräutern gespannten Netz keine Lobby haben, weil sie eben nicht an den Verhandlungstischen sitzen können, wenn die nächste Wiese verschachert, umgebrochen, melioriert, entwässert, vergiftet oder überbaut wird: Darum habe ich Lust auf Naturschutz, damit ich auch im nächsten Sommer wieder erleben kann, wie die goldpelzigen Erdhummeln in die Wundertüten des Wiesenbocksbarts eintauchen, weil ich den Duft vom Lämmerklee riechen, die Nesseln der Labkräuter spüren und dem Lied der Goldammer lauschen möchte. Weil ich meine Freunde nicht verlieren möchte.

Denn was wäre ein Sommer ohne die Blumenwiesen. Ohne die Feuerräder aus Habichtskräutern, Flockenblumen, Wicken und Kümmelstauden, ohne Kohlweißling und wilde Möhren, ohne den Gesang von Grillen und Heuschrecken, ohne die Fülle der

buntschillernden Blattkäfer und Florfliegen und ohne den Goldlaufkäfer, ohne Feldlerchen und ohne diese Salbeiblüte. Dicht neben dem Erdmaushügel steht sie. Sie ist voll behangen mit dem weißen Kuckucksspeichel, den die Schaumzikaden über sie ausgeschieden haben.

Der Aurorafalter mit seinen orangefarbenen Flügelspitzen, der schon eine Weile auf dem Sonnenröschen umhergetanzt ist, findet jetzt den blauen Blütenkelch, streckt seinen Rüssel nach dem süßen Nektar aus und trägt mit gelben Salbeipollen auf seinem Rücken das Wiesenleben weiter.

Er, der Aurorafalter, sie, die Salbeiblüte und ich, der Mensch – haben wir nicht denselben Anteil an dieser Erde?

Ob Stiefmütterchen, Regenwurm, Collembole oder Glockenblume, könnten wir sie nicht allesamt als Mitgeschöpfe, als Schwestern und Brüder der Menschenfamilie begreifen? Als Mitbewohner, die ein Lebensrecht und einen Wert an sich besitzen und den Kreislauf des Lebendigen erst ermöglichen.

Es würde doch den Niedergang unserer Kultur bedeuten, wenn wir mit der Tragfähigkeit von 248 Einwohnern je Quadratkilometer Heimat automatisch den Verlust von zwei Drittel der Artenfülle in Kauf nähmen.

Im Anblick dieser Sommerwiese drängt sich mir die Frage nach dem

Wert der Natur an sich, nach dem Wert von Blüten und Düften und nach dem Summen der Bienen auf. Und ich träume, dass wir Menschen das Recht der Tierheit und der Pflanzenheit genauso respektieren würden wie das Recht der Menschheit.

Ich träume von einer Revolution unserer Lüste, damit wir aufbegehren gegen den Verlust von Blumen und Vogelliedern, von reiner Atemluft und gesunder Nahrung. Dass wir also erkennen, was uns unter dem Vorwand des Fortschritts alles an Lebensfreude weggenommen wurde, das Baden in Flüssen und Seen, das sorglose Trinken aus frischen Quellen, der unverstrahlte Steinpilz, der Ruf des Kuckucks, kommen mir dabei in den Sinn.

Ich träume von einer Wiedervereinigung der Menschen mit der Natur und davon, dass die Glockenblumen mit ihren hellblauen Kleidern auf meiner Sommerwiese so ernst genommen würden wie die Börsenkurse und die blauen Geldscheine.

Hubert Weinzierl

Jedes Ding ist vom anderen verschieden,
keines von ihnen hat er vergeblich gemacht.
Eines ergänzt durch seinen Wert das andere.
Wer kann sich satt sehen an ihrer Pracht?
Jesus Sirach 42,24f

Lebendiges Totholz

Wie aus Verwilderung neues Leben erwächst

Einen alten Baum sterben zu lassen ist wichtiger als einen jungen Baum nachzupflanzen, denn mit dem sterbenden Baum wird eine ganze Lebensgemeinschaft geboren.

Um so unverständlicher ist der jahrhundertealte Sauberkeitswahn von Forstleuten, Gärtnern und ähnlichen Grüningenieuren, die geflissentlich jedes Totholz geradezu als Sondermüll verfolgt haben. Ich sage bewusst „haben", denn da hat sich gottseidank eine Denkwende vollzogen, die vielleicht auch damit zu tun hat, dass Nichtstun billiger und Naturschutz gleichzeitig ist.

Meine persönliche Liebe zu alten Bäumen führt mich mit derselben Leidenschaft zu den Baumruinen wie zu den Blumenwiesen. Von drei meiner Totholz-Inseln will ich erzählen, ich habe sie am Frauentag, dem Tag der Königskerzen und der Brombeeren besucht.

Da ist der Knottberg, ein bunt gemischter Wald, dessen Entstehungsgeschichte im Dunkeln liegt, wobei besonders unklar bleibt, wer dort vor einem Jahrhundert so gezielt einen Mischwald mit all den einheimischen Baumarten begründet hat. Seit dreißig Jahren habe ich kein Stück Holz aus dem Knottberg oder Birkenberg, wie der Wald auch genannt wird, mehr entnommen, und anfangs musste ich immer wieder die Hilfsangebote ablehnen, die mir gerne den Verhau der eingestürzten Bäume beseitigt hätten. Mittlerweile haben sich die Leute aber an solche Marotten gewöhnt, zumal Brennholz ja ohnedies wertlos geworden ist.

Das Ergebnis solcher waldbaulichen Faulheit ist ein Vielfältiges: In den eingebrochenen Löchern wuchert der Ahorn, die Linde, dazu Birken, Vogelbeeren und Aspen, an anderer Stelle Fichten oder Kiefern. Und unter ihnen der Salomonssiegel, der Waldmeister, Butterpilze und Maronen. In einem vom Blitz gespaltenen Fichtenstamm ist die Hohltaube und die Langohrfledermaus eingezogen, und auf dem zerborstenen Gipfel einer Eiche horstet der Baumfalke. Darunter wohnen Dachs und Iltis, die vor sich hin modernden Stämme sind zu einem Paradies von Stockschwammerl und Konsolenpilzen, Moosteppichen und Farnbüscheln „verwildert", wie die Leute sagen. Verwildert! Welch ein Unwort, wo es doch um Leben geht. Wie viele Denkfehler müssen wir begangen, wieviel Gefühle verloren haben, dass wir die Fülle des Lebendigen und die Einfalt der Ordnung durcheinander bringen.

Nicht weit vom Knottberg an der Straße nach Wörth bei Öd stand eine gewaltige Rotbuche, ein Naturdenkmal, das ein Sturm leider zu Boden geworfen hat. Der Bauer, dem die mächtige Buche gehört hat, ließ ihren „Wert" auf zwanzig Ster Brennholz taxieren, und ich habe sie ihm für fünfhundert Mark abgekauft und mit Kran und Tieflader in den Schlosspark transportieren lassen, wo der Stamm seither als Totholz weiterlebt und von den Besuchern bewundert wird.

Im Frühjahr blühen Buschwindröschen, Lichtnelken, Sauerklee und Goldnessel auf dem morschen Leib, später dann Hahnenfuß und Löwenzahn, jetzt am Frauentag wird der Baumgarten von roten zartblütigen Rupprechtskräutern, von Waldziest,

Bärenklau, Brennessel und Honiggräsern besiedelt und von Himbeeren und Weidenröschen eingerahmt.

Graugrüner Zunderschwamm säumt die untere Hälfte des Buchenstamms, und beim Nähertreten sehe ich eine dunkle Waldeidechse auf einem der Konsolenschwämme in der Sonne liegen. Goldlaufkäfer sind da, Schwebefliegen und Kleinschmetterlinge, Bohrmehl rieselt aus den Rindenwunden von irgendeinem der zweitausend Holzkäferarten, die auf Totholz angewiesen sind. Ich beobachte schwarze Asseln und Tausendfüßler, Roßameisen, Schwebefliegen, und wie ich gerade eine Baumholzspäne schleppende Hornisse genauer ansehen will, fällt mich ein Schwarm

wilder Bienen an, die sich in dem alten Stamm eingenistet haben. Von meiner kurzen Flucht zurückgekehrt, begegnet mir noch eine Gelbhalsmaus und der Grünspecht, der Admiral und spinnhaxige Weberknechte, die von klebrigen Pilzen fressen. Schwarze Krustenflechten, rotrandige und silbergraue Becherflechten, Hallimasch und die Zöpfchenmoospolster verbreiten den Duft des Lebendigen.

Ich komme an die dritte Stelle meiner Totholzwanderung, an den dicken Roterlenstamm, der im Seegras liegt und ein feuchtes, samtenes Mooskleid trägt, in das rot leuchtender Waldstorchschnabel und weiße Spinnennetze eingewebt sind. Blaue Tintlinge wachsen auf seiner Unterseite, Mädesüß und zerbrechliche Springkräuter. In dem gespaltenen Stock der Erle hat der Zaunkönig gebrütet. Einmal, im vergangenen Herbst, als ein letzter Sonnenstrahl auf das grüne Moosbett gefallen ist, habe ich die Wildkatze darauf liegen und träumen sehen.

Hubert Weinzierl

Die Natur kennt das Zeitwort
„sollen" nicht; das stammt aus der
Sozialgrammatik der Menschen.
Carl Spitteler

106

Wut auf Wildnis

Wie hundsgemein die Natur sein kann

Von wegen „Mut zur Wildnis" – wer schützt denn mich vor den lieben Mitgeschöpfen? Vor dem gelb-schwarzen Terror rechts und links der Hausbank. Zuerst die gelbe Gebirgs-bachstelze mit ihren Jungen im Efeu, dann die Schwarze Bachstelze und jetzt auch noch der Zaunkönig. Nichts als Rücksicht nehmen und dafür beschimpft werden. Und der Efeu selbst wächst schon ins Wohnzimmer.

Gestern noch die braune Waldei-dechse in der Abendsonne, dann die Ringelnatter. Den Milan, der sein Jun-ges auf der Schafweide füttert, nehmen unsere Hühner nicht mehr ernst. Das nützt der Habicht und holt mir die letzte Haustaube weg, dabei gäbe es doch genügend graue Ringel-tauben oder Krammetsvögel.

Ich fühle mich umzingelt. Der Wildkater hat uns drei Perlhühner gestohlen, der Fuchs gräbt rund um den Zaun Löcher, eine Graugans fehlt, die Rehe fressen mir die schönsten Orchideen aus der

Wiese und der Graureiher hackt dem Sebastian, unserem alten Laich-karpfen, in den Rücken.

Dazu die Hunde! Anna wirft den Krug mit den Knoblauchsrauken über den Haufen, Sissi jagt das Grüne Blatt und Krampus bellt die Tauben auf dem Dach an.

Zum Teufel ihr Schnecken! Wieder einmal habt ihr alle Salat- und Kür-bispflanzen aufgefressen.

Die Brennesselfront steht wie ein Gewitter vor mir, aber im Gedenken an die Pfauenaugen und an den

Admiral muss ich sie dulden, außer-dem füttert der Gartenrotschwanz sei-ne Jungen mit den Raupen.

Drei Frauen aus dem Dorf haben sich bei mir beschwert, dass ich dürre Baumstämme liegen lasse, und ich erkläre ihnen mühsam den Wert von Totholz. Dann sitze ich vor der neuen Lärchen-Tischplatte im Garten und muss zusehen, wie eine goldgelbe Wespe mit ihren starken Kiefern ein Loch nach dem anderen in die Tisch-platte beißt und Holzspäne für ihr Nest sammelt. Der Kuckuck mit der tiefen Stimme, ein lachender Baumfalke und der Duft vom Jasmin trösten mich über mei-nen Pfingstärger hinweg. Ich beginne zu genießen.

Da kommt ein verärgerter Nachbar. Der Biber hat seinen Forellenteich angegraben, denselben Weiher, in dem auch das Nest vom grünfüßi-gen Teichhuhn steht und die Calla blüht. Da verspüre ich so etwas wie Wut auf Wildnis.

Hubert Weinzierl

Autorin und Autoren

Beate Seitz-Weinzierl, Diplomtheologin und Journalistin, geboren 1955 in Obernburg am Main, lebt seit über 20 Jahren gemeinsam mit ihrem Mann Hubert Weinzierl in Wiesenfelden, einem Dorf in Niederbayern. Sie studierte Theologie und Philosophie in München und Würzburg, anschließend journalistische Ausbildung und Tätigkeit als freie Journalistin. Im Zusammenleben mit vielen Tieren in einem Forsthaus am Rande der Wildnis hat sie eine besondere Liebe zur Natur entwickelt. Seit 1986 leitet sie das Bildungswerk des Bund Naturschutz in Bayern. Zu den Schwerpunkten ihrer Arbeit zählen die Projekte „Öko-Küche/Essen aus der Region" und „Sehnsucht Wildnis". Langjährige Sprecherin des bundesweiten Arbeitskreises Umweltethik" im Bund für Umwelt und Naturschutz Deutschland (BUND). Zahlreiche Aufsätze und Veröffentlichungen zu den Themen Umweltbildung, Umweltethik, Lebensstil und Wildnis.

Hubert Weinzierl, geboren 1935 in Ingolstadt an der Donau, Diplomforstwirt, zählt zu den bekanntesten Naturschützern im deutschsprachigen Raum. Seit 1953 ist er in der Naturschutzbewegung aktiv. Von 1969 bis 2002 stand er dem Bund Naturschutz in Bayern vor, von 1983 bis 1998 war er Vorsitzender des Bundes für Umwelt und Naturschutz Deutschland (BUND).
Im Jahr 2000 wurde er zum Präsidenten des Deutschen Naturschutzringes gewählt; außerdem engagiert er sich seit 2001 als Mitglied des Rates für Nachhaltige Entwicklung der Bundesregierung für eine zukunftsfähige Lebenskultur.
Hubert Weinzierl wurde für sein Umweltengagement mit zahlreichen Auszeichnungen geehrt, darunter der Verdienstorden der Bundesrepublik Deutschland und der Wilhelm-Hoegner-Preis. Kulturpreise wie die Pro-Arte-Medaille, die Ludwig-Thoma-Medaille und der Konrad-Lorenz-Preis der Österreichischen Bundesregierung erhielt er für sein lyrisches Werk. Umfangreiche publizistische Tätigkeit; über 50 Bücher und zahlreiche Fachaufsätze zu den Themen Naturschutz und Umweltpolitik stammen aus seiner Feder. Hubert Weinzierl hat auch mehrere Lyrik-Bände veröffentlicht.

Carl Amery, geboren 1922, Mitglied der Gruppe 47, 1989 zum Präsidenten des bundesdeutschen PEN-Zentrums gewählt, hat sich nicht nur als Schriftsteller einen Namen gemacht, sondern zählt zu den Vätern der Politischen Ökologie. Er wurde mit zahlreichen Preisen ausgezeichnet, u. a. mit dem Literaturpreis der Stadt München, dem Wilhelm-Hoegner-Preis und der Bund-Naturschutz-Medaille. Er hat viele aufsehenerregende Bücher geschrieben, darunter „Das Ende der Vorsehung. Die gnadenlosen Folgen des Christentums" oder „Natur als Politik" sowie zuletzt „Global Exit. Die Kirchen und der Totale Markt" (2002). Carl Amery engagiert sich auch mit 80 Jahren immer noch in Sachen Ökologie und initiiert originelle Aktionen.

Literatur zu den Kapiteln

„Da ist so eine Sehnsucht"

AMERY, Carl (2002): Global Exit. Die Kirchen und der Totale Markt, Luchterhand, München
AMERY, Carl (1976): Natur als Politik. Die ökologische Chance des Menschen, Rowohlt, Hamburg
ANDREAS-GRISEBACH, Manon (1991): Eine Ethik für die Natur, Ammann, Zürich
BAURIEDL, Thea (1988): Das Leben riskieren. Psychoanalytische Perspektiven des politischen Widerstands, Piper, München
JUNGK, Robert (1993): Trotzdem. Mein Leben für die Zukunft, Hanser, München und Wien

„Noch mancher Tag harrt des Anbruchs" und „Lebe wild und achtsam"

ANL (Bayerische Akademie für Naturschutz und Landschaftspflege), Hrsg. (1997): Wildnis – ein neues Leitbild? Möglichkeiten und Grenzen ungestörter Naturentwicklung in Mitteleuropa, Laufener Seminarbeiträge 1/97
ANL (Bayerische Akademie für Naturschutz und Landschaftspflege), Hrsg. (1999): Schön wild sollte es sein... Wertschätzung und ökonomische Bedeutung von Wildnis, Laufener Seminarbeiträge 2/99
BROWNING, Peter, Hrsg. (1988): John Muir. In His Own Word, Great West Books, Lafayette, California
CORNELL, Joseph (1991): Auf die Natur hören, Verlag an der Ruhr, Mühlheim an der Ruhr
EMERSON, Ralph Waldo (1982): Die Natur. Ausgewählte Essays, Reclam, Stuttgart
ESTÉS, Clarissa Pinkola (1993): Die Wolfsfrau. Die Kraft der weiblichen Urinstinkte, Heyne, München
FELDHOFF, Heiner (1989): Vom Glück des Ungehorsams. Die Lebensgeschichte des Henry David Thoreau, Beltz, Weinheim und Basel
KOCH-WESER, Sylvia, LÜPKE, Geseko von (2000): Vision Quest. Visionssuche: allein in der Wildnis auf dem Weg zu sich selbst, Ariston, München
LEOPOLD, Aldo (1992): Am Anfang war die Erde. Plädoyer zur Umwelt-Ethik, Knesebeck, München

NATIONALPARK BAYERISCHER WALD, EVANGELISCHE AKADEMIE TUTZING, Hrsg. (2002): Wildnis vor der Haustür, Morsak, Grafenau
NATURSCHUTZBUND ÖSTERREICH, NATUR&LAND, Hrsg. (2000): Natur und Religion. Die Rolle der Religionen angesichts globalisierter Zerstörung, Salzburg
SCHAMA, Simon (1996): Der Traum von der Wildnis. Natur als Imagination, Kindler, München
SCHAUP, Susanne, Hrsg. (1996): Henry David Thoreau, Aus den Tagebüchern 1837-1861, Tewes Verlagsbuchhandlung, Oelde
SCHULZ, Dieter (1997): Amerikanischer Transzendentalismus, Wissenschaftliche Buchgesellschaft, Darmstadt
THOREAU, Henry David (1971): Walden oder Leben in den Wäldern, Diogenes, Zürich
TROMMER, Gerhard (1992): Wildnis – die pädagogische Herausforderung, Deutscher Studien Verlag, Weinheim

„Der Erde Flügel verleihen", „(Litera)Touren durch die Wildnis" und „Worte in den Wind geworfen"

ANDREAS-GRISEBACH, Manon (1999): Worte sind Vögel. Mit ihnen davonfliegen, Haag und Herchen, Frankfurt a. M.
AUSLÄNDER, Rose (1981): Im Atemhaus wohnen, Fischer, Frankfurt a. M.
BACHMANN, Ingeborg (2002): Die gestundete Zeit, Piper, München
BENN, Gottfried (1996): Sämtliche Gedichte, Klett-Cotta, Stuttgart
BORCHERT, Wolfgang (1991): Das Gesamtwerk, Rowohlt, Hamburg
CELAN, Paul (1967): Atemwende, Suhrkamp, Frankfurt a. M.
EICH, Günter (1973): Gedichte, Suhrkamp, Frankfurt a. M.
FINGERHUT, Margret und Karlheinz, Hrsg. (1984): Naturlyrik, Verlag Moritz Diesterweg, Frankfurt a. M.
HESSE, Hermann (1984): Bäume, Insel, Frankfurt a. M.
HESSE, Hermann (1974): Siddharta, Suhrkamp, Frankfurt a. M.

KROLOW, Karl (1965): Gesammelte Gedichte, Suhrkamp, Frankfurt a. M.
MAYER-TASCH, Peter Cornelius, Hrsg. (1981): Im Gewitter der Geraden. Deutsche Ökolyrik 1950-1980, C. H. Beck, München
SCHAUP, Susanne, Hrsg. (1996): Henry David Thoreau, Aus den Tagebüchern 1837-1861, Tewes Verlagsbuchhandlung, Oelde
SCHULDT-BRITTING, Hrsg. (2000): Georg Britting. Süßer Trug. Hundert Gedichte, Langewiesche-Brandt Verlag, Ebenhausen b. München
URBANEK, Walter, Hrsg. (1956): Deutsche Lyrik aus 12 Jahrhunderten, Ullstein, Berlin
WEINZIERL, Hubert (1988): Naturalien-Kabinett. Verlag Passavia, Passau
WEINZIERL, Hubert, HAITZINGER, Horst (2000): Naturalienkabinett 2, SüdOst-Verlag, Waldkirchen

„Gundermann trifft Gänseblümchen"

EIRICH, Dietmar (2000): Das Wald- und Wiesenkochbuch, W. Ludwig Buchverlag, München
KLEMME, Brigitte, HOLTERMANN, Dirk (1999): Baumblättersalat. Neue Delikatessen vom Waldesrand, Verlag Walther Rau, Düsseldorf
KLEMME, Brigitte, HOLTERMANN, Dirk (1995): Delikatessen am Wegesrand. Un-Kräuter zum Genießen, Verlag Walther Rau, Düsseldorf
KUBLI, Renate, FEILER, Klaus (1996): Kochen mit Wildkräutern, Fahner, Lauf an der Pegnitz
MAYER-TASCH, Peter Cornelius, Hrsg. (2002): Die Küche im Dorf lassen. Ein sinnenfrohes Ökolog(-inn)enkochbuch, Triga, Gelnhausen
PAHLOW, Mannfried (1979): Das große Buch der Heilpflanzen, Gräfe und Unzer, München
RÜTTING, Barbara (1997): Grüne Rezepte für den blauen Planeten, Goldmann, München
SCHERF, Gertrud (2002): Zauberpflanzen Hexenkräuter. Mythos und Magie heimischer Wild- und Kulturpflanzen, BLV Verlagsgesellschaft, München
TRUM, Bernd, LOTTER, Pius (1998): Wildkräuter-Kochbuch. Sammeln – zubereiten – genießen, Verlag Tobias Dannheimer, Kempten
WILLFORT, Richard (1971): Gesundheit durch Heilkräuter, Verlag Rudolf Trauner, Linz

„Ungezähmte Zeit"

BAERISWYL, Michel (2000): Chillout. Wege in eine neue Zeitkultur, Deutscher Taschenbuch Verlag, München

GEISSLER, Karlheinz A. (1996): Verweile doch, du bist so schön!, Beltz Quadriga, Weinheim

HELD, Martin, GEISSLER, Karlheinz A., Hrsg. (1993): Ökologie der Zeit. Vom Finden der rechten Zeitmaße, Wissenschaftliche Verlagsgesellschaft, Stuttgart

KIRCHHOF-STAHLMANN, Renate (1993): Zeiten. Zeitmaschine – Maschinenzeit, Zeitwende – Wendezeit, Ergon, Würzburg

NEEDLEMAN, Jacob (2000): Die Seele der Zeit, Fischer Taschenbuch Verlag, Frankfurt a. M.

POLITISCHE ÖKOLOGIE, Hrsg. (Heft Januar/Februar 1999): Von der Zeitnot zum Zeitwohlstand. Auf der Suche nach den rechten Zeitmaßen, München

REHEIS, Fritz (1996): Die Kreativität der Langsamkeit. Neuer Wohlstand durch Entschleunigung, Wissenschaftliche Buchgesellschaft, Darmstadt

Copyright-Nachweise der Gedichte

Texte zu den Naturfotos

Seite 2: Im Nationalpark Šumava bei Böhmisch-Röhren

Seite 8: Morgennebel am Fuße des Dreisesselberges bei Haidmühle

Seite 20: Im Weihergebiet von Holzhaus bei Schwarzenfeld

Seite 30/31: Spätherbst in den Wäldern über dem Regental

Seite 49: Frühjahrshochwasser an der Donau bei Niederaltaich

Seite 50/51: Auf dem Almschachten im Nationalpark Bayerischer Wald

Seite 54: Linden auf dem Annaberg in Sulzbach-Rosenberg

Seite 56: Am Seebach unterm Arber

Seite 59: Spätherbst bei Waldhäuser

Seite 62: An der Vils bei Dietldorf

Seite 64: In der „Hölle" bei Brennberg

Seite 68/69: Am Falkenstein in der Nähe des Höllbachgspreng

Seite 78: Bauerngarten im Oberpfälzer Freilandmuseum Neusath-Perschen

Seite 82/83: Novemberabend am Lusengipfel

Seite 84: Die Große Laaber bei Langquaid

Seite 89: Basaltfelsen am Vulkankegel des Parkstein

Seite 90: Kulzer Moos bei Winklarn im Oberpfälzer Wald

Seite 93: Naturschutzgebiet Rötelseeweiher bei Cham

Seite 100/101: Der Winter ist noch einmal zurückgekehrt, Ostern auf dem Hochschachten im Nationalpark Bayerischer Wald

Bildnachweis:

Heinz Glashauser: Rücktitel, 23, 64, 67, 106

Wolfgang Hartl: 1, 14, 43, 107

Konrad Jäger: Titel re. o., 12, 13, 20, 30/31, 35, 46, 52, 86, 89, 90, 91, 94, 102, 104

Herlinde Koelbl: 108

Günter Moosrainer: Titel li. o., 9, 38, 60, 95, 97

Günter Moser: Titel li. u., 2, 8, 10, 11, 26, 29, 33, 40, 49, 50/51, 54, 56, 59, 62, 68/69, 74, 75, 78, 80, 82/83, 92, 93, 95, 96, 100/101, 103, 104, 105

Ursula Pfistermeister: 84

Beate Seitz-Weinzierl: Titel re. u., 5, 6, 7, 15, 16, 17, 18, 19, 21, 22, 24, 25, 32, 36, 37, 39, 40, 41, 42, 43, 44, 45 re., 53, 70, 72, 73, 76, 77, 80, 81

Silvia Stockum: 45 li.

Unsere Naturreihe · Buch & Kunstverlag Oberpfalz

WÄLDER · WEITE · WILDNIS

Nationalpark Bayerischer Wald
Národní Park Šumava

Gibt es sie eigentlich, die Wildnis – mitten in unserem hochzivilisierten Land? Ja – einzigartig, zwischen Atlantik und Ural, in den Nationalparks Bayerischer Wald und Šumava. Hier wird wilder Wald erlebbar, großartig, erschreckend und wunderschön zugleich. Ein unendlicher Gewinn an Ursprünglichkeit! Ein Geschenk für die Menschen! Die Vision wilder Waldnatur mitten in Europa wird hier Realität. Der Nationalparkwald zeigt uns das faszinierende Ineinandergreifen vom ständigen Werden und Vergehen. Staunen Sie!
Vorwort von Karl-Friedrich Sinner
Hrsg. von Harald Grill, Günter Moser und Wolfgang Bäuml
Format 26 x 24 cm, 120 Seiten, 94 Farbbilder

Einst als „Der Graue" verehrt, war dem Wolf in Mitteleuropa ein Leidensweg bis zur völligen Ausrottung beschieden. Akribisch geht die Autorin Gertrud Scherf Relikten und Quellen aus ganz Bayern nach. In Wort und Bild ermittelt sie Gründe für den nachhaltigen Imagewandel und die erbarmungslose Hetze gegen das Tier. „Ein rundum gelungenes ‚Wolfsbuch', das einen großen Leserkreis verdient!" (Altbayerische Heimatpost)
Mit einem Vorwort des bekannten Wolfsforschers Erik Zimen.
Format 26 x 24 cm, 128 Seiten, 73 Abbildungen

WOLFSSPUREN IN BAYERN

Kulturgeschichte eines sagenhaften Tieres

DIE WILDKATZE

Zurück auf leisen Pfoten

„Zurück auf leisen Pfoten" ist die Europäische Wildkatze in Deutschland. Seit 1984 versuchte der Bund Naturschutz dieses hier einst ausgerottete, sehr scheue Tier wieder anzusiedeln. Mit Erfolg!
Grund genug, ein längst überfälliges Standardwerk mit attraktiven Wildkatzenbildern herauszugeben: Autoren aus Österreich, Schweiz und Deutschland erläutern anschaulich und plastisch den neuesten Stand ihrer Forschungen. Nehmen Sie teil an der Renaissance einer bedrohten Tierart!
Mit Vorworten des bekannten Tierfilmers Heinz Sielmann und Hubert Weinzierl.
Hrsg. von Herbert Grabe und Günther Worel
Format 26 x 24 cm, 112 Seiten, 63 Farbbilder)